Christoph Pahl
VOLL MANN?

Christoph Pahl

Voll Mann?

Mit Lust und Frust
ein echter Kerl werden

Über den Autor:
Christoph Pahl (Jahrgang 1981) ist verheiratet und lebt in Leipzig. Dort arbeitet er als Jugendreferent für crossover (die Jugendarbeit des Marburger Kreises). Sein Spezialgebiet ist die Schuljugendarbeit mit Jungs. „Voll Mann" ist nach „Voll Porno" sein zweites Buch.

Bibliografische Information Der Deutschen Bibliothek
Die Deutsche Bibliothek verzeichnet diese Publikation in der Deutschen Nationalbibliografie;
detaillierte bibliografische Daten sind im Internet über http://dnb.ddb.de abrufbar.

ISBN 978-3-86827-316-8
Alle Rechte vorbehalten
© 2012 by Verlag der Francke-Buchhandlung GmbH
35037 Marburg an der Lahn
Covergestaltung: Simon Huke
Satz: Verlag der Francke-Buchhandlung GmbH
Druck: Bercker Graphischer Betrieb, Kevelaer

www.francke-buch.de

INHALTSVERZEICHNIS

Einführung 7

Kapitel 1 Männer: Was ist ein echter Kerl? 12
Kapitel 2 Frauen: Das unbekannte Wesen 41
Kapitel 3 Eltern, Geschwister, Freunde
          und andere Probleme 60
Kapitel 4 Körpercheck und wie viel bin
          ich eigentlich wert? 88
Kapitel 5 Gott – Über Jesus und Chuck Norris 110
Kapitel 6 Voll Geil – Der Frust mit der Lust 133
Kapitel 7 Sex und Partnerschaft ... jetzt wird's
          ernst 152
Kapitel 8 Echt große Fragen: Selbstmord,
          Tod, Angst, Sucht 171
Kapitel 9 Wie echte Kerle die Welt retten!? 190
Kapitel 10 Voll das Leben 214

Exkurs für alle, die versuchen, Jungs zu
„erziehen" 220
Quellen und Bücher, die mich inspiriert haben .. 248
Links und Bücher für echte Kerle 251
Danke 254

EINFÜHRUNG

Mannfred!

Ja genau, mit Doppel-„N".

Was für ein Name!?

Mein Name. Mannfred. Vielleicht denkst du, jemand mit dem Namen müsste mindestens 40 Jahre alt sein? Das denke ich zumindest.

Mannfred ... so heiße ich seit etwas über 15 Jahren.

Wie man auf so einen Namen kommt? Frag mal meine Mutter. Vielleicht war es eine heimliche Rache, denn Sieglinde ist ja auch nicht gerade ein Traumname.

Dann gibt's noch die Geschichte, die mein Onkel erzählt hat, wie mein Vater im besoffenen Zustand auf den Namen gekommen ist. Davon aber ein anderes Mal mehr.

Ich bin also Mannfred und der heutige Tag in meinem 15-jährigen Leben ist mal wieder einer der beschissensten. Wie so viele Tage in letzter Zeit. Meine Schwester meinte, ich sei wohl in dieser Pubertät. Scheiß Pubertät. Und wenn dich die ganzen Kraftausdrücke und Schimpfwörter stören, dann beschwer dich bei ihr. Ich beschwer mich auch schon über alles Mögliche bei ihr ... aber da sie anscheinend weiblich („die" Pubertät) ist, scheint sie sich nicht ernsthaft für mich zu interessieren.

Ach ja, mein Tag: Aufstehstress von Mama, Gutaussehstress von mir selbst, Mathestress von Frau Schmitz, Mobbingstress von Calle und David, „Hormone spielen mit meinen Gefühlen Mixer"-Stress wegen Frauke, ... bis dahin ein ganz normaler Tag. Dann kommt Sport!

Mit meinen letzten Resten von Babyspeck – fünf Kilo sind

schon runter, YEAH – ist das eh nicht mein Lieblingsfach. Also ab in die Umkleide. Man, stinken die. Ein Hauch von Käsefüßen, Schweiß-Shirts, Urin und Fischgeruch. Ist das männlich?

Umziehen, bis die soldatische Stimme unseres Sportlehrers Herr Quelle – von uns nur „die Qual" genannt – in die Sporthalle ruft. Die „Qual" war mal Landesmeister im Gewichtheben, hat sich heute aber anscheinend eher dem Heben von Bier zugewandt. Zumindest lassen das sein Bauchansatz und seine rote Nase erahnen. Trotzdem mag ich ihn irgendwie, weil er zwar saustreng, aber fair ist.

Heute auf dem Programm: Bocksprung. Endlich versteh ich, wo der Begriff „Null Bock" herkommt.

„Zum Warmmachen alle dreimal über den Bock springen, aber ZZ!"

„ZZ" heißt bei „Qual" „ziemlich zügig". Ich reihe mich möglichst weit hinten ein, da meine Bocksprünge eher abstürzenden Hasen gleichen. Ja, ich weiß, Hasen können nicht fliegen. Das ist ja das Problem. Sprung Nummer eins schaffe ich erstaunlich gekonnt. Bei Nummer zwei verliere ich beim Aufkommen am Boden beinah das Gleichgewicht. Wie peinlich, ich merke, dass Frauke mir zugeschaut hat. Frauke, schon wenn ich den Namen nur denke, bin ich mit ihr immer irgendwo, aber sicher nicht beim Bockspringen in der Turnhalle. Und vermutlich nimmt mein Untergang bei diesem kurzen Tagtraum seinen Anfang. Noch in Gedanken laufe ich an, um meinen dritten Sprung hinter mich zu bringen. Dabei merke ich, dass die Schnüre meines Hosenbundes lose sind. Dann geschieht alles in Sekundenbruchteilen. Kurz nach dem Abheben vom Boden rutscht meine Sporthose nach unten. Während sich meine 70 Kilo über den Bock hieven, bremst mich die Sporthose, sodass ich auf dem Bock lande. Geistesgegenwärtig nehme ich das Gewicht meines Oberkörpers nach hinten, um nicht der Nase nach über den Bock zu fallen. Die Endposition, mit der ich auf dem Bock lande, gleicht der eines Rodeoreiters. Die Beine hängen seitlich am Bock. Mein Becken ist vorne an der Kante. Das allein sieht schon bescheuert aus. Und da meine Sporthose nun nicht mehr da ist, wo sie sein sollte, ergibt sich für meine Mitschüler ein wundervoller Blick auf den vorderen Teil meiner Unterhose, unter dem durch die Spannung die Umrisse meines Pullermanns zu erkennen sind. Ganz nebenbei bin ich mit dessen Größe nicht gerade zufrieden. Mit dieser Pose bin ich eh schon der Brüller für meine Klassenkameraden. Es ist ganz eindeutig einer dieser Momente, in denen Menschen in Fantasy-Filmen sich einfach wegbeamen. Mit einem ampelroten Kopf schaue ich an mir herunter und meine Gesichtsfarbe wechselt zu vampirblass. Wenn man Pech hat, kommt nämlich auch noch die falsche Unterhose dazu. Ich habe ausgerechnet heute die Boxershorts an, die ich von meinem Onkel zum Geburtstag bekommen habe. Mein Onkel Chris ist ein sehr lustiger Kerl – findet er. Er überreichte mir die Unterhose mit den Worten: Du bist jetzt ein echter Mann.

Ich fand schon damals den fetten Aufdruck „Zauberstab" vorne auf einer Unterhose peinlich. Heute hasse ich meinen Lieblings-Onkel dafür. Neben dem Gelächter der ganzen Klasse trifft mich dann noch Calles Spruch: „Na, das ist ja eher ein Zauberstäbchen!"

Erwähnte ich schon, dass das heute ein Scheißtag ist? Ich fühle mich wie der letzte Depp.

Zu Hause stammel ich auf Mamas Standardfrage: „Und wie war's in der Schule?" ein kurzes „Wie immer" und verziehe mich auf mein Zimmer.

Zur Frustlösung schwanke ich gerade zwischen folgenden Optionen:
- ⇒ Schule mit einem Panzer plattmachen (wäre schade um Frauke, obwohl sie auch gelacht hat)
- ⇒ meinen kleinen Bruder anschreien und verprügeln (immer gut)
- ⇒ mir über Selbstmordvarianten Gedanken machen (scheint mich hier eh keiner zu brauchen) oder
- ⇒ mir einfach mal wieder einen runterholen

Ich bin dir gerade etwas zu „depri" drauf? Dann heul doch. Ich könnt es auch gerade machen ... aber Männer weinen ja nicht, oder?

Darf ich vorstellen: Das ist Mannfred, der fiktive junge Mann, der uns durch dieses Buch begleitet. Aber wie erfunden ist er wirklich? Wie übertrieben sind seine Erlebnisse und Emotionen?

Mannfred ist ein bisschen wie ich in dem Alter und auch ein bisschen wie ich heute. Er kämpft sich durch die Unwegsamkeiten des Lebens, hat viele Fragen und ist doch oft verunsicherter, als er es zugibt.

An den Reaktionen zu meinem ersten Buch „Voll Porno" habe ich gemerkt, wie sehr Männer ehrliche Gedanken in humorvoller Verpackung mögen. Auch in diesem Buch werde ich ehrlich von meinen Erfahrungen und von meiner Meinung sprechen und auch in „Voll Mann" wird mein persönlicher Glaube an den christlichen Gott vorkommen.

Für dieses Buch habe ich nicht nur einige Bücher

über Männer gelesen, sondern auch einen Fragebogen entwickelt, den knapp 20 Männer zwischen 14 und 30 Jahren beantwortet haben. Und natürlich ist mein ganz persönliches Erleben in die Geschichten von Mannfred und in das ganze Buch eingeflossen. Obwohl „Voll Mann" keine Autobiografie ist! Sicherlich werden sich einige Leute an der teils vulgären Sprache stören. Das tut mir leid, aber aus meiner Arbeit als Jugendreferent und Schuljugendarbeiter kann ich nur sagen, dass ich mich – im Vergleich zur Realität – echt zurückgehalten habe.

„Voll Mann" ist ein Buch für alle, die auf dem Weg zu ihrer eigenen Identität sind. Ein Buch für alle, die Fragen haben. Ein Buch auch für alle Frauen, die Jungs und Männer besser verstehen wollen. Ein Buch für alle, die Bücher zum Lachen haben wollen und die es auch ertragen können, mal den Tränen nahe zu sein. Ein Buch für alle, die Ehrlichkeit mögen und bereit sind, über sich nachzudenken. Ein Buch für alle, die das „volle" Leben lieben und entdecken wollen.

KAPITEL 1
MÄNNER: WAS IST EIN ECHTER KERL?

Hatte ich eigentlich schon erwähnt, wo ich wohne?

Nein!?

Dann war ich wohl nicht in der „Laage" dazu.

Oder meine „Laage" war mal wieder aussichtslos.

Laage, so heißt die Kleinstadt, in der ich gezeugt, geboren und gefrustet wurde.

Das Beste an Laage ist, dass man mit dem Namen tolle Wortspiele machen kann.

Ansonsten kann man Laage nur bei einem Saufgelaage (haha) ertragen.

Meine Wortwitze finde ich übrigens super. Nur leider scheine ich mit dieser Einstellung eher allein zu sein. Alles humorlose Typen.

Apropos ... mein Vater will heute mit mir einen „männlichen Ausflug" machen. Als er dieses Vorhaben ankündigte, versuchte er männlich zu „grunzen", wie Tim Taylor in „Hör mal, wer da hämmert". Die Betonung liegt auf „versuchte". Er klang eher wie ein kastriertes Schwein mit schlimmem Husten. Ich mag meinen Vater ... irgendwie. Aber irgendwie bin ich ja nun erwachsen und da will ich ihm das nicht zeigen. Außerdem gibt es Momente, da könnte ich meinen Vater in den Boden rammen und draufspringen. Zum Beispiel, wenn er von seinem Job bei der Bank nach Hause kommt und dann direkt Tagesschau schauen muss. Ich überlege schon Tagesschau-Ansager zu werden, damit mein Papa mich abends anschaut. Oder ich bombe einfach irgendwas in die Luft und winke dann in die Kamera, das ist sicher leichter umzusetzen, als Tagesschau-Sprecher zu werden. Und ich hasse meinen Vater, wenn er seinem Namen „Hartmut" kein bisschen entspricht. Zum Beispiel wenn Mama sich vor anderen Leuten über Papa lustig macht. Und das macht sie öfters, vermutlich weil auch sie den Eindruck hat, die Tagesschau-Sprecherin sei für ihn interessanter als sie. In solchen Momenten wird Hartmut zu „Weichangst" und tut nichts. Er lächelt, schweigt und lässt sich nichts anmerken. Aaaaah! So ein Weichei. Warum haut er nicht mal auf den Tisch? Letztens habe ich mal auf den Tisch gehauen. Oma und Mama haben über Papas dünne Beine gewitzelt. Papa schwieg mal wieder. Da bin ich ausgerastet und habe geschrien: „Oh Mann! Ich halte das nicht mehr aus! Ihr zwei fetten Kühe mit Haarausfall und Cellulitis, hört auf, hört auf, hört auf, hört auf. Schaut euch doch erst mal selbst an." Dann bin ich türenknallend aus dem Zimmer gelaufen. Ich war so wütend, dass ich am liebsten etwas zerstört hätte. Stattdessen habe ich meinen Kopf gegen mein Hochbett geschlagen. Aua. Dann habe ich Linkin Park ganz laut aufgedreht. Ich hätte gerne geweint, aber irgendwie kam nix raus. Früher habe ich viel geweint, vielleicht sind meine Tränen schon leer. An sich tat es mir leid, was ich gesagt hatte. Aber es wurde nie wieder über meinen Anfall gesprochen. Vermutlich kann man mit der Pubertät alles erklären. Hab jetzt eine Beule am Kopf vom Hochbett, dafür hat das Hochbett auch eine Delle. „Hah!"

Also dieser mein Vater will nun heute einen „männlichen Ausflug" machen.

Ich denke dabei an Action. Am besten Sport machen und dann mit einem Bagger irgendwas zerstören. Außerdem Bier trinken (nicht, dass mir das schmecken würde, aber egal) und mit einer Frau rummachen. Oder einen Tag durch die Wildnis streifen, Abenteuer bestehen, eine Frau retten, ihr abends das gefangene Tier grillen und dann Sex haben. Oder Fußball spielen, ins Stadion gehen und Fußball ansehen, abends FIFA auf der Wii spielen und dann Sex haben. Oder mittags als Fußballprofi das entscheidende Tor schießen, abends mit meiner Band in einem Stadion auftreten und danach ... na ja, halt .... Ja, ich weiß, dass ich gerade nur an das Eine denke. Ich bekomme Frauen und ihre Körper einfach nicht aus meinem Kopf. Ist das männlich? Okay, bei unserem männlichen Ausflug wird es sicher nicht um Frauen gehen. Mein Dad ist nämlich wirklich verklemmt. Der wird schon rot, wenn man das Wort Brust nur ausspricht, und sei es in dem Satz: „Wollen wir Steak oder Hähnchenbrust grillen?"

Was er sich wohl ausgedacht hat?

Total unmännlich an diesem Ausflug ist, dass wir um 7 Uhr aufstehen müssen. Beim Frühstück gibt es eine wirklich gute Nachricht: Mein Onkel Chris – der mit der Zauberstab-Unterhose – wird mitkommen. Ich kann bis heute nicht glauben, dass Chris wirklich der Bruder meines Vaters sein soll. Die beiden sind so verschieden. Chris ist laut, hat ein Kreuz wie ein Schrank und macht dauernd schlechte Witze, meistens über Frauen. Vielleicht hat er deswegen auch keine seiner Freundinnen länger als ein paar Monate. Chris scheint immer gut drauf zu sein und er verhält sich oft wie ein kleiner Junge. Als ich kleiner war, haben wir zusammen versucht, Playmobilfiguren in Brand zu stecken und sie als brennende Mahnmale für mehr Demokratie aufzustellen. Mama fand das gar nicht lustig und wir haben beschlossen, dass sie eine Diktatorin ist und Angst vor der Demokratie hat. Auch das Argument, dass die Playmobilfiguren vom Heiligen Geist erfüllt und die Feuerzungen nur etwas größer wären, konnte meine – sonst so fromme – Mum nicht überzeugen.

So was kann man mit Onkel Chris machen. Mama mag ihn nicht besonders. Das liegt wohl auch an den Geschenken, die er mir in den letzten Jahren zum Geburtstag gemacht hat.

Ich fange mal beim sechsten Geburtstag an: eine Trommel. Siebter Geburtstag: eine Schlange. Achter Geburtstag: ein Spielzeug-Maschinengewehr, das Schuss und Schreigeräusche macht. Neunter Geburtstag: Eine Mini-E-Gitarre mit Verstärker. Zehnter Geburtstag: Ein Pyromanen-Feuerwerksset. Elfter Geburtstag: Ein Furzkissen. Zwölfter Geburtstag: Eine Flasche Bier und ein Intimrasur-Set. Dreizehnter Geburtstag: Ein Ballerspiel für den PC. Vierzehnter Geburtstag: Da durfte er von Mama aus nichts schenken. Fünfzehnter Geburtstag: Die besagte Unterhose und einen Playboy. Leider durfte ich fast keins der Geschenke behalten. Schade.

Zurück zum männlichen Ausflug. Mit Onkel Chris könnte das Ganze schon deutlich spannender werden. Um acht Uhr soll es losgehen. Meine Vorfreude steigt, da meine Mutter meinem Dad regelmäßig Sachen zuflüstert wie: „Seid ja vorsichtig", „Wollt ihr nicht doch die Fahrradhelme mitnehmen?" oder „Wenn meinem Mannfredchen was passiert, dann lass ich mich scheiden". Das klingt guuut!

Onkel Chris kommt immer zu spät. Als er um halb neun mit seinem tiefergelegten Golf (man hört ihn immer schon einen Kilometer früher) vor unserer Tür hält, ist meine Mutter deutlich sauer, versucht es sich aber nicht anmerken zu lassen. Onkel Chris springt aus dem Auto, schaut mich an und sagt: „Sorry, ich musste erst noch die zwei Mädels aus meinem Bett werfen." Ich glaube ihm kein Wort, aber ich grinse. Ich muss mir diese Sprüche merken. Apropos Sprüche: Chris kennt alle Chuck-Norris-Witze dieser Welt. Auf der Fahrt fängt er gleich wieder an: „Ey Manni, Chuck Norris hat bis unendlich gezählt ... schon zwei Mal!" Ach übrigens, nach jedem Witz lacht Chris, als ob er ihn zum ersten Mal gehört hätte. Der hier ist auch gut: „Wenn Chuck Norris Liegestütze macht, drückt er die Welt nach unten." Oder: „Chuck-Norris hat mehr Kreditkarten als Max Mustermann."

Ich fühle mich sauwohl, mit den zwei Männern unterwegs zu sein.

Schließlich biegen wir auf einen Parkplatz ein und ich entdecke das Schild „Kanutour mit Nassgarantie". „Hier sind wir", sagt mein Dad und schaut mich erwartungsvoll an. „Cool", sage ich und versuche dabei möglichst begeistert zu klingen. Denn so spannend eine Wildwassertour auch sein mag, ich habe Angst vor Wasser. Eigentlich nicht vor Wasser, sondern davor, zu ertrinken. In der Grundschule bin ich im Schwimmunterricht einmal untergegangen und die Lehrerin hat das erst sehr spät bemerkt. Diese wenigen Sekunden ohne Luft waren furchtbar. Seitdem versuche ich möglichst selten schwimmen zu gehen. Dazu kommt noch, dass ich mich nicht gerne in Badehose zeige. Nun hat mein Vater also eine Kanutour „mit Nassgarantie" ausgesucht. Ich bekomme innerlich Panik. Was soll ich tun? Einen Schwächeanfall vortäuschen? Über meine Angst reden? Wegrennen? In mir toben die Fragen und Ängste. Meinem Dad und Chris gegenüber bleibe ich natürlich cool. „Hey Mannfred, da werden wir deinen Paps mal schön bis auf seinen Wurm nass machen", sagt Chris und haut mir auf die Schulter. „Hm", sage ich. Also muss ich nun wohl mit. Das Boot sieht für mich aus wie eine Nussschale. Der Fluss rauscht wie ein Wasserfall. Ich will das nicht. Ich könnte heulen. Da schreit Chris, der schon im Boot sitzt: „Na los, rein ins Boot, oder bist du ein Mädchen und willst hierbleiben?"

Nun fahren wir also den Fluss entlang und ich habe die ganze Zeit ein flaues Gefühl im Magen. Mein Dad und Chris scheinen Spaß zu haben. „Warum bist du denn so still? Genieß doch die Natur", sagt mein Papa.

Und dann geschieht es. Chris versucht meinem Dad mit dem Paddel eine ordentliche Ladung Wasser überzukippen, wobei das Boot durch Chris' Gewicht nach rechts kippt. Genau in diesem Moment rollt ebenfalls von rechts eine Welle heran. Als mein Dad das sieht, springt er panisch nach links, um auszugleichen. Dabei gerät das Boot in eine Schieflaage (haha) nach links und wir kentern. Mein Herz stockt, als ich ins kalte Wasser falle. Ich pruste und schreie. Ich bin mir sicher, jetzt ist es aus. Mein kurzes Leben zieht an mir vorbei. Ich werde als ungeküsste Jungfrau sterben und dabei bin ich mir nicht mal sicher, ob es nach dem Tod eigentlich weitergeht. Vielleicht hätte ich mit meiner Mama öfters zum Gottesdienst gehen sollen!? Was wird aus meiner Wii? Ob Frauke an meinem Grab weinen wird?

Während ich das alles denke, merke ich, dass das Wasser nur einen Meter tief ist und ich sogar stehen kann. Ich rette mich ans Ufer. Wo sind mein Vater und Chris? Das Letzte, was ich gehört habe, waren der hohe Schrei meines Dads und ein lautes Fluchen von Chris. Mein Dad zieht wenige Meter weiter gerade das Boot ans Ufer. Chris hingegen schwimmt noch im Fluss und hält sich laut schimpfend den Kopf. Wenige Minuten später sitzen wir nass auf dem umgedrehten Boot. Mein Vater macht das, was er immer tut, wenn er überfordert ist: Er schweigt. Onkel Chris hat beim Kentern das Boot gegen den Kopf bekommen und drückt seinen Socken auf die Platzwunde am Kopf. Und dann geschieht etwas, das ich niemals erwartet hätte. Ich hätte sogar meinen Computer verwettet, dass das nicht passieren würde.

Mein großer, starker, witziger Onkel Chris, der Chuck-Norris-Witzereißer – er weint.

Erst denke ich, es wäre Flusswasser aus seinem Socken, aber dann schluchzt er.

Das verwirrt mich total. Ich habe bisher nicht mal meinen Vater weinen gesehen. Und jetzt sitzt hier ein – wie ich dachte – echter Kerl und weint.

Wieder zu Hause wird die Story natürlich etwas anders erzählt. Aus der kleinen Welle wird eine „Mörderwelle". Das Wasser war „eigentlich zu kalt zum Überleben". Mein Vater hat das Boot aus dem „metertiefen Wasser" gerettet. Und Onkel Chris hat eine „schwere und lebensbedrohliche Verletzung erlitten", mit der er sich doch noch bis ans Ufer schleppen konnte. Je mehr Bier die beiden trinken, desto abenteuerlicher klingt die Geschichte. Onkel Chris' Tränen kommen komischerweise nicht darin vor.

Abends im Badezimmer schaue ich mich nackt im Spiegel an. Ich kann klar sehen, dass ich einen Penis habe und auch schon ein paar wenige Haare unter den Achseln wachsen. Ja, ich bin ein Mann, von außen. Aber wie wird man innen ein Mann und woran sieht man, ob man das schon ist!? Ach, und hier noch ein Witz von Onkel Chris: „Chuck Norris ist so männlich, dass seine Brusthaare Brusthaare haben."

Ich habe Jungs zwischen 14 und 30 Jahren gefragt, welche Begriffe ihnen zu Männern einfallen. Hier eine Auswahl:

Härte, Egoismus, Ehrlichkeit, Fußball, Sport, Muskeln, Wettkampf, Stärke, Technik, Rationalität, Bier, Vater, Bart, Verantwortung, Whiskey, Angeln, nebeneinandersitzen, Adrenalin, Aggressivität, Entscheidungen treffen, Autos, Penis, Mut, Kämpfer,

Dreck, Büroarbeit, Opferbereitschaft, Wärme, irgendwie immer ein Junge bleiben.

Erstaunlich ist, dass am häufigsten Wörter wie „Stark" „Stärke" oder „Muskeln" fielen. Müssen Männer stark sein? Sind schwache Männer keine Männer?

Patrick, 23 Jahre alt, fasst zusammen: „Das Rollenbild ist nicht mehr so klar definiert. Die Gesellschaft verurteilt starke Männer als Machos und heult gleichzeitig darüber, dass alle Weicheier geworden sind. Du kannst es nicht mehr recht machen und du hast keine Vorbilder, wer als toller Mann allgemein anerkannt ist."

Patrick hat recht damit, dass sich viele Männer fragen: Wie werde ich ein echter Mann? Ich lege in diesem Buch keine Liste im Sinne von „Mit 15 Fragen sicher herausfinden, ob man ein echter Mann ist" vor. Aber es gibt Grundfragen, denen wir uns auf unserer Reise stellen müssen.

Und bevor wir losgehen, möchte ich mir und dir noch mal sagen: Es ist gut, ein Mann zu sein. Wir sind nicht besser als Frauen. Aber es ist kein Unfall oder Nachteil, dass du ein Mann bist. Keiner muss sich seines Geschlechts schämen! Ich bin ein Mann und das ist gut so. Kannst du das von dir sagen?

FAZIT: Echte Kerle stehen dazu, dass sie Kerle sind!

Männer: Extremer und verletzlicher

Schauen wir uns erst mal kurz die Wissenschaft an. Selbst die Wissenschaftler, die am liebsten gar keine Trennung mehr von männlich und weiblich propagieren würden, müssen eingestehen, dass es äußere Unterschiede gibt. Jungs haben genetisch ein X- und ein Y-Chromosom und Mädels zwei X-Chromosome. Wir unterscheiden uns nur durch 20 von später 30.000 Genen. Entscheidend für den unterschiedlichen Körperbau ist das Hormon Testosteron. Es steuert im Mutterleib die Entwicklung der Hoden und des Penis (Testosteron sei Dank!). Später sorgt das Testosteron für Bartwuchs, Geruchsbildung, Muskelwachstum und Fettverteilung. Männer haben unterschiedlich hohe Testosteron-Spiegel. Deswegen bekommen einige fast keinen Bart und andere so viel wie Gandalf. Egal wie viel Testosteron du hast, wer Hoden und einen Penis hat, ist ein Mann. Und das ist gut so.

Ein weiterer Unterschied zur Frau ist das Gehirn. Auch hier ist schon vor der Geburt ein Unterschied vorhanden. Daran sind in diesem Fall allerdings nicht die Gene schuld, sondern der Hormonmix, der unser Gehirn verändert. Der Hirnforscher Gerald Hüther vergleicht in seinem Buch „Männer: Das schwache Geschlecht und sein Gehirn" das Gehirn mit einem Orchester. An sich ist das Orchester „bei Männern prinzipiell nicht anders besetzt als bei Frauen." Und doch sind schon männliche Babys „im Durchschnitt impulsiver, geraten rascher in emotionale Erregung und lassen sich schwerer wieder beruhigen." Hüther erklärt: „Offenbar sortiert sich ihr Orchester im Kopf irgendwie anders als bei den Mädchen. Die harmonischen, melodietragenden Instrumente kommen im Gehirn des kleinen Jungen nicht so richtig durch, und dafür sitzen zu viele Pauken und Trompeten in der ersten Reihe." „Männer machen sich als kleine Jungen mit mehr Antrieb auf einen etwas anderen Weg", folgert der Gehirnforscher. Das bedeutet, dass der Wunsch nach Wachstum und Freiheit bei Jungs von Anfang an etwas stärker ausgeprägt ist als bei Mädchen.

Zugleich sind männliche Babys von Anfang an schwächer. Sie erkranken schneller, sind empfindlicher und die Sterberate ist deutlich höher. Jungs sind also vom Mutterleib an hilfsbedürftiger und schwächer und suchen nach Sicherheit und Hilfe. Laut Hüther ändert sich dieses Grundmuster nicht, wenn aus Jungs Männer werden, da in den ersten Monaten in unserem Gehirn die grundsätzlichen Denkmuster ausgeprägt werden. Das bedeutet, Jungs brauchen eigentlich – noch mehr als Mädchen – Halt von außen und eine sichere, vertrauensvolle Beziehung.

Also muss ich uns Männer enttäuschen (So ein Mist!): das mit dem „starken Geschlecht" stimmt gar nicht.

Es bildet sich schon sehr früh ein im Gehirn angelegter Grundkonflikt, den ich bei mir selbst und vielen Jungen und Männern erlebe. Auf der einen Seite steht **das Grundbedürfnis nach Sicherheit, Geborgenheit und Wärme** und auf der anderen Seite **der Wunsch nach Freiheit, Wachstum und**

Selbstständigkeit. Mannfred möchte sich gerne von seinen ätzenden Eltern lösen, aber gleichzeitig sehnt er sich nach ihrer Liebe. Dieser Grundkonflikt besteht unser ganzes Leben und er ist auch Frauen nicht fremd, aber bei Männern ist er noch massiver. Und immer wenn eine Seite stark unbefriedigt ist, bekommen wir Probleme.

Erstaunlich ist auch, dass Männer das extremere Geschlecht sind. Das merkt man nicht nur an den Gerüchen ☺. Sowohl bei den überaus schlauen Menschen mit hohem Intelligenzquotienten als auch bei den besonders doofen Menschen sind die Männer mit Abstand in der Überzahl. Auch der kleinste und der größte Mensch der Welt sind Männer. **Wir sind einfach etwas extremer.**

Bevor wir noch weiter zurück auf der Reise zum Mannsein gehen, wollen wir uns am Beispiel unserer Gefühlswelt anschauen, wie sehr die Erziehung unseren Weg zum Mann prägt.

FAZIT: Echte Kerle haben viel Power und brauchen Sicherheit!

Emotionen und Gefühle

Kleine Jungs haben ein riesiges Spektrum an Emotionen. Sie schreien, lachen, schimpfen, sind wütend, heulen, motzen, quengeln, raufen, sind anlehnungsbedürftig, schmusen, hüpfen, stampfen, sind ganz still und sie sind begeistert.

Warum verlieren wir so viele dieser Eigenschaften

auf unserer Entwicklung zum Erwachsenen? Warum ist es irgendwann angesagt, cool zu sein und möglichst viele Emotionen zu unterdrücken? Freunde machen mir bis heute den Vorwurf, dass ich so wenige Gefühle zeige und nicht über sie rede. Und sie haben recht.

Wie passiert das, dass wir unsere Emotionen so sehr verlieren? Ich glaube, dass uns viele der Emotionen (oft unbewusst) aberzogen werden, unter anderem durch Formulierungen wie:

„Jungs weinen nicht", „Ein Indianer kennt keinen Schmerz" (Chuck Norris auch nicht), „Sei leise", „Sitz still", „In deinem Alter schmust man doch nicht mehr", oder „Ey, du bist für Mathe begeistert, wie uncool".

Sicherlich ist es auch ein ganz normaler Prozess, dass wir lernen, unsere Emotionen zu kontrollieren und nicht als 30-jährige Männer laut stampfend, beleidigt und motzend durchs Büro zu laufen, wenn der Kopierer besetzt ist.

Ich beobachte allerdings viele Jungs und Männer, die sich eine coole Maske aufgezogen haben, die ihnen ganz viel von ihrer Begeisterung nimmt. Auch ich bin so ein Maskenträger. Auf den Jugendfreizeiten unserer Jugendarbeit crossover erlebe ich es immer wieder, wie die Jungs mit den coolsten Sprüchen irgendwann, nachdem ich ihr Vertrauen gewonnen habe, heulend vor mir sitzen. **In uns drin bleiben wir nämlich kleine Jungs.**

Ich glaube, wir brauchen als Männer Orte, an denen wir unsere Emotionen wiederentdecken. Wenn ich über meine Gefühle rede, dann brauche ich Zeit dafür. Meine Frau wünscht sich, dass wir uns drei Minuten hinsetzen und ich ihr erzähle, wie es mir geht, aber ich kann das oft nicht. Ich brauche einen sicheren Ort, gute Fragen, etwas mehr Zeit und eine vertrauensvolle Ebene dafür.

Ein paar Ideen für Gelegenheiten, bei denen wir lernen können, über unser „Inneres" zu reden oder Emotionen zu zeigen:

⇒ Sport (so viele Emotionen wie auf und neben dem Fußballplatz kann man bei Männern fast nie beobachten)
⇒ mit einem guten Freund, der mich versteht
⇒ in einer Gemeinschaft von Männern/Jungs, in der ich echt sein kann
⇒ in der Musik oder Poesie
⇒ in der Geborgenheit einer Frau, die mich liebt
⇒ in einem Gebet vor Gott

Das Ziel darf allerdings nicht sein, dass wir feste „Emotionsplätze" haben und die restliche Zeit mit einem Pokerface rumlaufen.

Diese Momente, in denen wir tiefere Emotionen ausleben, sind wichtig, weil sie **uns einen Zugang zu uns selbst vermitteln und uns lebendig machen**. Und ich behaupte, die Welt, unsere Frauen und vielleicht eines Tages mal unsere Kinder brauchen nichts mehr als lebendige Männer, die begeistert davon sind, die Welt und eine Frau zu erobern, ohne sie zu beherrschen.

Ich habe oft Angst, Emotionen zu zeigen, weil ich in den Momenten die „Kontrolle" über mich verliere. Egal ob es Wut ist oder total begeistert rumtanzen, ich will lieber cool bleiben.

Oh Mann, da gibt's noch viel zu lernen.

FAZIT: Echte Kerle haben den Mut zu Emotionen!

Väter

Väter sind klasse. Ich liebe die Szene im Film „Königreich der Himmel", in der der Hufschmied Balian von seinem Vater, dem Baron, aufgesucht wird. Der Vater, ein edler Ritter, hat sich auf die Suche nach seinem Sohn gemacht und bietet ihm an, ihn mit nach Jerusalem zum Kreuzzug zu nehmen. Der Baron überzeugt seinen Sohn, mit ihm zu ziehen, doch da der Sohn wegen Mordes gesucht wird, kommt es zu einem blutigen Kampf. Sein Vater bringt sich und seine Kämpfer für den Sohn in Gefahr. Bei ihm lernt Balian, wie man mit dem Schwert umgeht und er wird schließlich von ihm zum Ritter geschlagen. Eine berührende Vater-Sohn-Geschichte. Irgendwie spricht dieser Film in mir die Sehnsucht nach einem starken Vater an.

Unsere Väter sind normalerweise die ersten Männer, die wir erleben. Sie prägen unser Leben. Vermutlich sogar mehr, als wir denken. Unsere Erfahrungen in den ersten Lebensjahren werden uns unser ganzes Leben beeinflussen. Ich erinnere mich noch heute an Spiele im Wald und im Garten, die mein Vater mit mir gespielt hat. Und bevor wir unsere Väter auch kritisch anschauen, möchte ich Danke sagen. **Danke an meinen Papa für all die Zeit, Kraft und Liebe, die er in mich investiert hat.** Danke für all die tollen Erlebnisse und seine starken Arme, die mich gehalten haben.

☞ Gibt es etwas, wofür du deinem Vater dankbar bist? Und wenn es ihn noch gibt, wäre es vielleicht an der Zeit, ihm mal Danke zu sagen?

Wenn ich an meine Kindheit denke, erinnere ich mich aber auch an Momente, in denen ich mir gewünscht hätte, dass mein Papa mehr für mich da gewesen wäre und in denen mir ein „Du bist ein toller Kerl" echt gutgetan hätte.

Ich bin der festen Überzeugung, dass Väter, die ihr Kind lieben und ihm viel Zeit und Aufmerksamkeit widmen, das Beste sind, was Jungs passieren kann.

Und doch werden selbst die besten Väter der Welt versagen. Mannfreds Papa Hartmut liebt seinen Sohn bestimmt, aber er schafft es in vielen Dingen nicht, ihm Gegenüber und ein Vorbild zu sein. Er kennt zum Beispiel Mannfreds Wasserangst nicht, er redet nicht über Gefühle, versteckt sich hinter dem Fernseher und Mannfred lernt von ihm keinen konstruktiven Umgang mit Frauen. Hartmut steht für den abwesenden Vater, auch wenn er sich mit dem Ausflug Mühe gibt, so ist er für Mannfred doch nicht wirklich präsent.

Immer mehr Jungs wachsen ohne einen greifbaren Vater auf. Entweder, weil er die Familie verlassen hat, oder verlassen musste oder weil der Mann durch seinen Job, sein Hobby, seine Sucht, seinen

Egoismus nicht wirklich intensive Zeiten mit seinem Sohn verbringt. Dabei kenne ich so viele Männer, mich eingeschlossen, die sich nach der Liebe, dem Lob, der Nähe, der Anteilnahme ihres Vaters sehnen. Unsere Väter sind meistens unsere ersten Helden und wir wollen von ihnen gesehen werden. Wenn das nicht geschieht, werden wir verletzt.

Nimm dir doch jetzt gleich mal ein paar Minuten Zeit, über folgende Fragen nachzudenken:

☞ Was findest du toll an deinem Papa? Was bewunderst du an ihm?

☞ Was stört dich an deinem Papa? Was hättest du dir von ihm gewünscht?

☞ Was könntest du tun, um eure Beziehung zu verbessern!?[1]

FAZIT: Echte Kerle denken über ihre Vater-Beziehung nach!

Verletzt

Ich weinte. Ich heulte wie ein Schlosshund. Immer wieder schluchzte ich: „Keiner hat mich liiiieb, „keiner hat mich liiiieb." So lag ich da in meinem Kinderzimmer. Irgendwann ging die Tür auf. Mein Bruder stand im Schlafanzug vor mir und sagte genervt: „Wenn du nicht gleich ruhig bist, dann hat dich wirklich keiner mehr lieb."

---

[1] Ich habe zum Beispiel mit meinem Papa einen Zelturlaub in Schweden geplant. Was würde bei dir passen?

Das ist eine Szene aus meiner insgesamt sehr glücklichen Kindheit. Rückblickend nicht schlimm. Mein Bruder hat mich heute sehr lieb und ich ihn. Und doch ist sie mir im Gedächtnis geblieben, weil sie mein Herz verletzt hat. Viele andere Szenen aus meiner Kindheit habe ich sicher verdrängt oder vergessen. Es gibt für jeden von uns Situationen in unserem Leben, in denen wir verletzt werden.

Oft hängen diese Verletzungen mit unseren Vätern zusammen. „Wenn ein Mann in der Therapie weint, ist es fast immer wegen seines Vaters", schreibt der Forscher Dan Kindlon in seinem Standardwerk „Raising Cain". Mannfred zum Beispiel ist durch das Desinteresse seines Vaters verletzt. Zwar unternimmt er hin und wieder etwas Besonderes mit ihm, aber in seinem Alltag nimmt er ihn kaum wahr und schenkt ihm keine Beachtung.

Noch schlimmer als bei Nichtbeachtung ist die Wunde, wenn wir körperlich verletzt (z.B. geschlagen) oder sogar missbraucht werden.

Verletzungen gehören zu uns; es gibt fast niemanden, der keine Verletzungen welcher Art auch immer erlitten hat. Die beiden zentralen Fragen sind:

☞ Haben wir den Mut, uns unsere Verletzungen anzuschauen?

☞ Wie gehen wir mit dem Schmerz und dem Frust um?

FAZIT: Echte Kerle haben Verletzungen erlebt und wissen das!

SCHMERZ UND FRUST

Schauen wir uns an, wie Mannfred in den bisherigen Storys mit seinem Frust umgegangen ist.

Nach der Unterhosen-Story hat er sich zurückgezogen. Ein oft so typisches Konfliktverhalten von Männern. Wir rennen weg, weil wir Angst haben, dass andere unsere Emotionen sehen. Wir wissen selbst nicht, wie wir damit umgehen sollen.

Daran, wie sich Mannfred bei dem Streit mit seiner Mutter und danach verhält, sehen wir eine weitere typische Reaktion: Wut und Aggression. **Verletzte, verwirrte Jungs reagieren oft wütend.** Gewalt gegen andere, Gegenstände oder sich selbst hat meistens einen tieferen Grund. Oft fällt es uns Jungs schwer, unsere Gefühle in Worte zu fassen, stattdessen schlagen wir gegen Wände, werfen den Ranzen weg oder verkloppen den nächsten Typen, der uns in die Quere kommt.

Ein Beispiel aus einem meiner Jungsprojekte an einer Grundschule in Leipzig: Henry[2] ist 9 Jahre alt. Er ruft einem Jungen, mit dem er öfters Krach hat, ein Schimpfwort zu. Dieser schubst ihn. Henry fällt hin und in diesem Moment brennen bei ihm alle Sicherungen durch. Pure Wut und Hass brechen sich Bahn. Mit beiden Händen muss ich Henry davon abhalten, auf den anderen Jungen zuzustürmen. „Ich bring ihn um", schnaubt Henry. Ich gehe mit den beiden Jungs in die Umkleidekabine und rede mit ihnen. Henry atmet hektisch und sehr laut aus und

---

[2] Name geändert

ein. Beide Fäuste sind geballt. Sein Blick ist starr auf die Wand gerichtet. Er hat Tränen in den Augen. Auf meine Fragen antwortet er nur schreiend. Nachdem beide zu Wort gekommen sind und ich meine Ansprache zum Thema friedlicher Umgang beendet habe, lasse ich den anderen Jungen wieder in die Turnhalle. Henry schnaubt noch immer, aber jetzt kullern fette Tränen über seine Wangen. Ich sage: „Henry, dich machen oft Sachen wütend, oder?" Er nickt und erzählt verzweifelt: „Ich will doch gar nicht so wütend sein, aber es passiert einfach. Und dann hau ich um mich." – „Warum bist du denn so wütend, weißt du das?" Henry schluchzt mittlerweile. „Zu Hause gibt's immer Stress. Mama und Papa streiten sich immer." – „Und das macht dich wütend?" Henry nickt. Ich lege meinen Arm auf seine Schulter und ich merke, wie ich mitleide. „Ab und zu hab ich den Papa mehr lieb und dann wieder die Mama."

Hinter den Fassaden von Jungs geht so viel mehr ab, als wir oft denken. Deswegen brauchen Jungs Menschen, die hinter ihre Fassade schauen und denen sie vertrauen.

Mannfreds Wutausbruch gegenüber seiner Mutter und Oma fand ich persönlich sehr mutig und ehrlich (wenn auch nicht sehr nett). Aber warum redet danach keiner mehr mit Mannfred? Warum fragt ihn keiner, wie er sich fühlt? Warum entwickelt niemand eine Strategie, wie man den Konflikt lösen könnte, ohne die beiden Frauen zu verletzen?

Sowohl vor der Kanutour als auch bei der Tagesschau-Sucht seines Vaters unterdrückt Mannfred seinen Schmerz, seine Angst. Das ist etwas anderes als wegrennen. Unterdrücken heißt die tapfere Maske aufsetzen und sich durchbeißen. Und es gibt Situationen im Leben, wo einem keine andere Wahl bleibt, als sie erst mal tapfer durchzustehen. Aber Sachen, die man runterdrückt, sind nun mal nicht weg. Das weiß jeder, der beim Zimmeraufräumen immer alles in die eine Schublade quetscht. Die alten Socken und Pizzastücke sind immer noch da. Und sie kommen irgendwann wieder aus der Schublade raus oder sie verrotten und stinken. Viele Menschen, die sarkastisch (das bedeutet, dass sie oft abwertende, spöttische und kritische Witze machen) oder gefrustet sind, haben Verletzungen und Enttäuschungen immer runtergeschluckt. Wie sehr würde Mannfred ein ehrliches Gespräch mit seinem Vater helfen, in dem er seinen Frust und seine Angst formulieren kann!?

Und noch ein letztes Muster gegen Schmerz entdecke ich bei Mannfreds Bocksprung-Geschichte. „Oder ich könnte mir einfach mal wieder einen runterholen." Ähnlich wie das Weglaufen, aber doch etwas anders ist die „Flucht-Variante". **Ich flüchte mich in ein kurzes (scheinbar) schönes Gefühl.** Ich vergesse die Welt und die Probleme um mich herum. Flucht muss nicht immer das schlechteste Mittel sein. Nach ein wenig Ablenkung sehen manche Situationen schon wieder ganz anders aus. Leider sind die Fluchtmittel aber meistens nicht konstruktiv, sondern zerstörerisch. Anders als Frauen flüchten Männer deutlich mehr in sexuelle Bereiche (Masturbation, Pornografie) oder in Süchte (Alkohol, Drogen, Computer). Auch übermäßiger Sport oder hartes Arbeiten sind oft Fluchtorte von Männern.

Bisher beschreibe ich nur die Grundmuster, aber entdeckst du dich wieder?

☞ Wie gehst du mit Schmerz und Verletztheit um?

☞ Welche Wunde/unerfüllte Sehnsucht aus deiner Kindheit trägst du mit dir herum?

FAZIT: Echte Kerle denken darüber nach, wie sie mit Frust und Schmerz umgehen!

Meine Wunde, mein Frust und mein Gott

Ich bin in einer sehr behüteten christlichen Familie aufgewachsen. In der Pubertät habe ich gegen meinen Vater rebelliert. Es gab Phasen, wo ich ihn wirklich gehasst habe. Damals wusste ich nicht genau, warum das so war. Mich hat seine Art gestört, sein Humor, seine Angepasstheit, seine Strenge, seine Güte ... einfach sehr vieles. Heute weiß ich warum ich so ätzend war. Ich wollte von meinem Vater geliebt werden. Ich sehnte mich danach, von ihm körperliche Nähe zu bekommen (Ringkämpfe, männliche Umarmungen). Ich sehnte mich danach, von ihm positive Emotionen zu bekommen (Lob, Begeisterung). Ich sehnte mich danach, von ihm praktische Sachen zu lernen (handwerklich, in der Natur). Mein Dad hat sich sicher auch in allen drei Bereichen bemüht, aber es ist nicht seine Stärke, auf diese Art Liebe zu äußern. Auch wenn mein Vater das nie wollte, ich war verletzt. Wie habe ich das Ganze nun herausgefunden?

Zum einen in Gesprächen. Ich konnte nach meiner Teenagerzeit mit meiner Mutter darüber reden. Ich hatte gute Freunde und sogenannte Seelsorger, die mit guten Fragen hinter meine Rebellion und meine Distanz zu meinem Vater geschaut haben. Zum anderen habe ich mich bewusst mit meinem Vater beschäftigt. Bin mit ihm in den Urlaub gefahren und habe mehr über ihn und zum Beispiel seinen Vater herausgefunden. Und ich glaube, dass Gott in das Thema eingegriffen hat.

Ich komme an Gott beim Mannsein nicht vorbei! Denn auf meiner (immer noch andauernden) Reise zum Mannsein war und ist er sehr wichtig. Gott wird in der Bibel immer wieder als Vater beschrieben. Als ein Vater, der Klarheit und Orientierung gibt, der aber vor allem **ein liebevoller Vater** ist. Besonders wichtig war für mich, dass bei Gott Vergebung möglich ist. Mehr dazu noch in Kapitel 5. Ich konnte meinen Zorn und meine Fehler zu Gott bringen. Und ich hatte das Gefühl, neue Chancen zu bekommen. Deswegen konnte ich auch meinem Vater eine neue Chance geben und ihm vergeben. Vergeben heißt nicht vergessen, aber es heißt, den anderen zu entlasten. Und ich habe zu Gott gebetet: „Heile du die Wunde in mir. Schenke mir Menschen, Gefühle, Begegnungen, die mich wieder heil werden lassen". Ich schreibe es zum Beispiel Gott zu, dass er durch den Film „Into the wild" etwas Tiefes in mir bewegt hat. Ich lag, nachdem ich den Film geschaut habe, heulend auf meinem Bett. Was war geschehen?

Die Szene, die mich damals sehr bewegt hat, war folgende: Der Hauptdarsteller Chris lebt in Alaska fernab aller Zivilisation in einem ausrangierten Bus. Nach einigen Wochen schießt er seinen ersten – und letzten – Elch. Sechs Tage arbeitet er hart daran, das Tier auszunehmen, zu häuten und das Fleisch zu räuchern. Während er versucht, eine Räucherhöhle zu bauen, hört man folgenden Dialog: *„Hey, Dad, darf ich den Grill anmachen? Bitte Dad, nur dieses eine Mal."* – *„Weißt du, Sohn, du kannst den Grillanzünder holen."* – *„Komm schon, Dad, bitte Dad."*

Danach entfacht sich ein Streit zwischen Vater und Mutter, in dem der Vater laut wird und immer wieder „Nein" schreit. In der nächsten Einstellung sieht man ein Stück Fleisch voller Maden. Chris entdeckt, dass das komplette Fleisch verdorben ist. Er ist wütend, verzweifelt, schreit und weint. In sein Tagebuch notiert er: *„Eine der größten Tragödien meines Lebens."* Damals löste diese Szene in mir einen großen Schmerz aus. Mir wurde bewusst, dass auch mein Vater mir viele Sachen nie gezeigt hatte. Mein Vater liebt es einfach, Dinge selbst zu machen. Es ist sogar ein Ausdruck seiner Liebe, Sachen für andere zu erledigen.

Eine kleine Szene in einem Film, in der Gott mich berührt hat. Übrigens höre ich das häufiger, dass Filme etwas Tiefes in Menschen anrühren. Christen beschreiben das dann als „Impuls von Gott". Außerdem hat mich Gott durch die Bücher von John Eldredge zum Thema Mannsein angesprochen und mir viele Aspekte aufgezeigt. Zum Beispiel habe ich mich dadurch mit der Frage nach meiner persönlichen Wunde beschäftigt und mit meiner Sehnsucht, ein Kämpfer zu sein.

Und dann gibt es da so ganz besondere Momente, die man eigentlich kaum beschreiben kann. Momente, in denen man den Eindruck hat, Gott ist da. Das letzte Mal war das zum Beispiel, als ich über eine Sache sehr traurig war. Da bekam ich auf einmal ermutigende Gedanken, die konnten nicht von mir sein. Oder manchmal erlebe ich das auch, wenn ich in der Natur sitze und über deren Schönheit staune oder wenn ich die Geborgenheit bei meiner Frau oder einem guten Freund erlebe. **Das sind Momente der Liebe, in denen ich meine, Gott zu spüren.** In denen ich Frieden empfinde.

☞ Kannst du dir das vorstellen, dass Gott an deinem Leben interessiert ist und dich bewusst auf Punkte in deinem Leben hinweist, in denen du verletzt worden bist? Und was wäre so schwierig daran, dafür zu beten, dass Gott sich um dein Herz kümmert?

Schon ein krasser Schritt, denn die meisten Jungs sind nicht so gut im Hilfeannehmen. Aber für mich ein sehr wichtiger Schritt, um ein echter Kerl zu werden.

FAZIT: Echte Kerle überlegen, ob sie Gott an ihre Verletzung ranlassen wollen!

Unsere Ursehnsüchte

Wie ich in dem Abschnitt „Männer: Extremer und verletzlicher" schon herausgestellt habe, glaube ich, dass unsere Ursehnsüchte ein Schlüssel zu einem glücklichen Mannsein sind.

Da ist auf der einen Seite **die Sehnsucht nach Sicherheit, Geborgenheit und Wärme und auf der anderen der tiefe Wunsch nach Freiheit, Wachstum und Selbstständigkeit**.

Ein paar Beispiele für Situationen, in denen sich die Spannung zwischen diesen Ursehnsüchten bemerkbar macht:

⇒ Ein kleiner Junge klettert auf einen Baum. Er will hinauf. Aber er schaut immer wieder, ob seine Mama auch wirklich unter dem Baum steht und ihn auffangen würde.

⇒ Ein Teenager möchte gerne mit einem Mädchen zusammenkommen, hat aber Angst, dass er dann die Freiheiten eines Single-Lebens verliert.

⇒ Ein Mann bekommt ein tolles Jobangebot mit großen Karrierechancen, bei dem er aber die Hälfte des Jahres in Hotels auf der ganzen Welt wohnen muss und seine Frau und seine beiden Kinder nicht sieht

1. Sicherheit, Geborgenheit, Wärme

Sicherheit gibt mir mein Türschloss, Geborgenheit spüre ich in meiner Bettdecke und Wärme, das macht doch die Heizung. So einfach kann man(n) das Thema abhandeln. Aber diese Sachen befriedigen meine Sehnsucht nicht. Alle drei Punkte haben etwas mit Beziehung zu tun. Ich fühle mich bei Menschen sicher und geborgen, die mir nahestehen und denen ich vertrauen kann. Bei meinen Eltern, guten Freunden, meiner Frau, bei Gott, da fühle ich Wärme und Geborgenheit. Das sind Personen, die mich kennen und trotzdem lieben. Und die da sind, wenn mein Leben Unsicherheiten mitbringt und ich mich nach menschlicher Wärme sehne. Vielleicht kennst du diesen Typ Mensch, bei dem man sich einfach wohlfühlt. Toll. Um mich geborgen zu fühlen, brauche ich Vertrauen, Zeit und Zuverlässigkeit. Drei seltene Werte heutzutage. Aber wenn ich nicht bereit bin, diese drei Werte anderen anzubieten, dann wird es schwer, glücklich zu werden. Wenn ich mit meinem Kumpel nur dann Zeit verbringe, wenn es mir passt, wenn ich seine Geheimnisse ausplaudere, nie etwas Persönliches von mir erzähle und immer zu spät komme, werden wir beieinander keine Geborgenheit oder Sicherheit finden. **Ich muss in andere auch investieren!**

Die Folgen von einer tiefen Unsicherheit können Selbstmord, Sucht und Gewalt sein. Einsamkeit ist eines der größten Probleme unserer heutigen Zeit. Wenn ich keine sicheren und geborgenen Orte mehr finde, dann werde ich **einsam und verbittert**. In krasser Form erleben das obdachlose Menschen. Sie haben oft keine Menschen oder Orte mehr, die ihnen Sicherheit und Geborgenheit geben. Was für eine traurige und schmerzliche Erfahrung.

☞ Welche Menschen, welche Gemeinschaft, welcher Gott können dir Sicherheit, Geborgenheit und Wärme vermitteln? Was musst du dafür tun?

2. Freiheit, Wachstum und Selbstständigkeit

Der Obdachlose erlebt diese Ursehnsucht vielleicht als befriedigt. Er kann machen, was er will, hingehen und schlafen, wo er will. Er hat keine Eltern oder keinen Chef, die ihn rumkommandieren, und vermutlich keine Partnerin, auf die er Rücksicht nehmen muss.

Was passiert, wenn diese Sehnsucht bei dir unterdrückt wird? Ich vermute, du langweilst dich zu Tode! All das Wilde, was auch in dir steckt, verkümmert. Sich in eine Online-Spielewelt oder einen Bürojob zu stürzen hat nichts mit echter Freiheit zu tun. **Viele Jungs sehnen sich in ihrem Herzen danach, frei zu sein und die Welt zu erobern.** Deswegen lieben wir Heldenfilme wie James Bond, Braveheart und Herr der Ringe.

Diese Sehnsucht lässt uns gegen unsere Eltern rebellieren, sie fördert Mut und sie macht uns zu Männern, die Verantwortung übernehmen. Und zugleich lässt sie uns fremdgehen, Kriege anfangen, unsere Autos mehr lieben als unsere Frauen und sie macht uns zu Tyrannen, unter denen Menschen leiden.

Auch die Befriedigung dieser Sehnsucht kostet etwas. **Ich muss bereit sein, meine Sicherheiten hinter mir zu lassen.** Mit einem dicken Bankkonto und solange Mama deine Wäsche wäscht, wirst du es meiner Meinung nach schwerer haben, dich frei zu fühlen.

Ich musste mich von einem guten Job im Fernsehbereich verabschieden, um die Abenteuer der Jugendarbeit zu erleben. Ich musste mich von meiner Couch erheben, um einen Sportverein und einen

Mentor zu finden. Ich musste mich trauen, meiner heutigen Frau stammelnd zu sagen, dass ich mich in sie verliebt habe (Mann, war das peinlich!).

Auf der Rückfahrt von einem unserer Camps redete ich mit einem 13-jährigen Jungen, der zum dritten Mal mit mir auf einer Freizeit war, über unsere Erfahrungen in der letzten Woche. Dazu sagte er: „Weißt du was, Christoph, ich merke, dass ich mich auf den Freizeiten immer voll weiterentwickle. Irgendwie passiert in dieser Woche so viel." Damit hatte er völlig recht, denn auf dieser Freizeit waren tatsächlich zwei wichtige Faktoren für seine Entwicklung zusammengekommen. Erstens hatte er sein gewohntes Umfeld verlassen und Selbständigkeit gelernt („Wie bezieht man ein Bett?") und zweitens hatte er neue Freunde und ältere Mentoren erlebt, die ihn gefördert und gefordert hatten („So bezieht man ein Bett" ☺).

Wir brauchen Bereiche, in denen wir ohne unsere Eltern, ohne unsere Frauen und ohne unsere sichere Rolle agieren können. Ich mache zum Beispiel regelmäßig Naturtouren mit einem sehr guten Freund, ich habe mit 28 Jahren noch mal einen neuen spannenden Sport angefangen, ich nehme mir von Zeit zu Zeit Stille Tage, um über mein Leben nachzudenken, ich habe einen Mentor, der mir hilft voranzukommen, ich glaube daran, dass Gott mich frei macht und ein Leben mit ihm nicht langweilig wird. Und doch spüre ich, dass diese Sehnsucht noch unerfüllt ist. Ich dachte viele Jahre lang, Pornos schauen sei ein heimliches Abenteuer oder zu viel trinken mache mich locker und frei. **Aber Por-**

nos und Bier haben meine Sehnsucht nach Freiheit nicht gestillt und mich nicht zu einem Mann werden lassen.

Wir werden vermutlich immer wieder in einem der beiden Sehnsuchtsbereiche Mangel und Frust erleben. Aber es ist allein deine Verantwortung zu schauen, wie du anfangen kannst, diese Bedürfnisse zu stillen.

FAZIT: **Echte Kerle sind sich ihrer Bedürfnisse bewusst und versuchen sie auf gute Weise zu stillen.**

Wir haben uns in diesem Kapitel dem Thema Mannsein genähert und zugegebenermaßen einige unbequeme Fragen aufgeworfen. Aber wir müssen tief in uns hineinschauen, damit wir lebendiger, mutiger und ehrlicher leben können. Nun jedoch weiter zu dem genauso faszinierenden Wesen: Frau!

KAPITEL 2
FRAUEN: DAS UNBEKANNTE WESEN

Ich sitze neben Frauke im Bus. Sie lächelt mich an. Ihr blondes Haar leuchtet. Sie duftet nach irgendwas Gutem. Wir reden über Fußball ... sie hört mir interessiert zu. Sie legt ihre Hand auf mein Knie. In mir zuckt alles. In meinem Magen tritt ein Schmetterlingszirkus auf. Und auch weiter unten regt sich etwas. Frauke macht mir ein Kompliment über meinen starken Körper. Plötzlich ist ihr Gesicht ganz nah an meinem. Aber sie riecht nach Kaffee. Ich spitze meine Lippen zum Kuss. Auf einmal trifft mich ein feuchter Schmatzer auf der Wange.

„Guten Morgen, Mannfredchen. Husch husch, du bist schon spät dran, mein Kleiner!"

Ich hasse es, dass meine Mutter mich mit 15 (!!!) noch immer wachküssen muss. Nun steht sie vor meinem Bett und will, dass ich aufstehe. Dass das aufgrund meiner morgendlichen Lattenlaage (haha) nicht geht, kapiert sie nicht. „In zwei Minuten steh ich auf, versprochen", murmle ich. Solche und noch erotischere Träume habe ich häufiger in letzter Zeit.

„Träume zeigen, was in deinem Unterbewusstsein abgeht", hat mein altkluger Kumpel Kevin vor Kurzem gesagt. Dann dreht sich also nicht nur mein Oberbewusstsein um Mädels.

Früher war das irgendwie anders: Mädchen waren doof und komisch. Man konnte sie toll an den Haaren ziehen und beim Diktat von ihnen abschreiben. Aber heute machen sie einen entweder wirr im Kopf oder sie treiben einen mit ihrem Gezicke in den Wahnsinn. Ach ja, Gezicke. Habe ich schon erwähnt, dass ich eine 17 Jahre alte Schwester habe? Mathilde. (Wenigstens hat auch sie einen blöden Namen abbekommen). Mathilde scheint ihr Leben größtenteils in unserem Badezimmer zu verbringen. Zumindest morgens. Letztens musste ich in den Garten pinkeln, weil ich so lange vor der Tür gestanden hatte, bis ich es nicht mehr aushielt. (Wobei das Wild-Pinkeln etwas Geiles hat. Freiheiiiit!). Ein großes Rätsel für mich ist: Was macht sie die ganze Zeit im Bad? Ich muss zugeben, dass meine Schwester wirklich hübsch ist, und wenn sie ein paar Jahre jünger, nicht meine Schwester und nicht so zickig wäre, könnte ich mich eventuell in sie verlieben (irgendwie eine eklige Vorstellung). Ich finde, dass sie gut aussieht, wenn sie ins Bad geht. Wenn sie – nach gefühlten fünf Stunden – wieder rauskommt, ist sie zwar etwas bemalt und riecht schon durch die Tür nach Parfüm, aber sie sieht immer noch gut aus. Wieso dafür so viel Stress!? Auch beim Frühstück checke ich die Frauenwelt nicht. Ihr Essverhalten ist absurd. Obwohl Mathilde echt eine super Figur hat, knabbert sie morgens nur Möhren und schlürft Entschlackungstee, der riecht wie mein Pipi. Das alles wäre irgendwie auszuhalten, wenn sie es nicht zu ihrer Lebensaufgabe gemacht hätte, mich und alle Männer zu belehren. Papa, schlürf deinen Kaffee nicht so, Manni, nimm nicht so viel Butter aufs Brot, oh, mein Karl hat gestern schon wieder nicht gesagt, dass er mich liebt. Karl, ihr Freund, tut mir wirklich leid. Wie kann man das nur aushalten?

Frauke ist da ganz anders. Sie ist das schönste Mädchen der Welt. Zumindest für mich. Meine besten Kumpels Kevin und Timotheus finden sie „nett". Ich finde alles an ihr toll. Auch wenn sie noch sehr kleine Brüste hat (was Kevin gleich bemängelte) und sie ab und an etwas angeberisch ist (was Timotheus gleich auffiel) ... für mich ist sie perfekt.

Frauke fährt jeden Morgen mit dem gleichen Bus, in den ich einsteige. Sie geht in meine Klasse und sitzt schräg hinter mir. Anstatt mich auf Mathe zu konzentrieren, überlege ich meistens, wie ich sie möglichst gut beobachten kann. In letzter Zeit habe ich öfters Nackenschmerzen vorgespielt. Dabei muss ich meinen Hals immer ganz doll drehen und strecken. Oft knackt es sogar, das ist sicher nicht gesund. Natürlich drehe ich mich meistens nach rechts, um Fraukes Schönheit anzustarren. Das mit den Nackenschmerzen werde ich aber in Zukunft nicht mehr machen. Mein Klassenkamerad Domino, ein sehr kräftiger Italiener, sah meine Verrenkungsübung und sprach mich in der Pause an. „Ey, Mann von Fred, hast du Nacken. Ich helf dich." Und schon fing er an meinen Nacken zu kneten. Wenn ich nicht so unglaublich cool wäre und alle meine Tränen schon alle wären, hätte ich geschrien und geweint, so weh tat das. Und mein Nacken war danach steifer denn je. „Na, isse besser?", fragte Domino. Ich hätte gerne den Kopf geschüttelt, wenn ich gekonnt hätte. „Äh, dein italienisches Freund hilft immer." Zum Abschied schlug er mir fest auf den Rücken. Jetzt hab ich nicht nur Nacken, sondern auch noch Rücken.

Aber zurück zu Frauke. Dieses Mädchen macht mich echt verrückt. Jetzt wird es gerade Sommer und sie trägt neuerdings Röcke und schulterfreie Tops. Wenn Mädchen nur wüssten, wie sehr sie uns damit quälen. Wie soll ich mich nach so einem Anblick auf a^2+b^2 konzentrieren oder mir Daten von Weltkriegen merken?

Mein neuer Plan: Ich werde Frauke ansprechen. Morgen werde ich es wagen. Ich werde etwas mehr Aldi-Deo auflegen, ihr die Gesichtsseite mit weniger Pickeln zeigen und total cool wirken. Außerdem werde ich gleich noch einen coolen Anmachspruch googeln. Das muss ein Erfolg werden.

Einen Tag später: Ich habe Frauke heute angesprochen. Es war immerhin keine Katastrophe. Na ja, keine große Katastrophe. Ich hatte alles bestens geplant. Ein frisches T-Shirt und sogar eine frische Unterhose hatte ich an. Ich war gestylt, hatte nur unter einem Fingernagel Dreck, roch gut und lächelte. So stieg ich in den Bus und ging zu dem Einzelplatz, auf dem Frauke saß. „Hi", sagte ich. „Hi", sagte sie. Wawoh, wir hatten ein echtes Gespräch miteinander. Meine Hände schwitzten so sehr, dass ich dachte, gleich würden Schweißtropfen herabfließen und eine Pfütze bilden. „Hmm, was duftet denn hier so gut feminin, bist du das?", fragte ich. Denn Doktor Google hatte mir neben lauter Schrottsprüchen („Ich hab meine Nummer verloren, kann ich deine haben") verraten, dass Komplimente immer gut ankommen. Frauke schnupperte kurz: „Nein, aber es riecht nach Käsefüßen, bist du das?" Hilfe, Dr. Google, was sage ich jetzt? Ich murmelte etwas von „Nö" in meinen noch nicht vorhandenen Bart und setzte mich möglichst weit weg von Frauke. In der Schule roch ich in der Toilette an meinen Socken. Boah, iih!

Merke: Nicht nur T-Shirt und Unterhose wechseln, sondern auch die SOCKEN sind echt wichtig. Vielleicht lebenswichtig. Hätte ich doch nur mal auf meine Mutter gehört.

Da sind wir auch schon bei der dritten Frau in meinem Leben: Meine Mama Sieglinde. Meine Mum ist echt so ein Problem. Ich liebe meine Mama. Wirklich. Aber HALLO ... das kann ich als pubertierender Jugendlicher niemals zugeben. Mama ist immer für mich da. Sie ist der einzige Mensch, bei dem ich den Eindruck habe, dass er sich für mich, Mannfred, interessiert. Als Mama mich alleine im Kindergarten ließ, muss ich zwei Stunden durchgeschrien haben. Ja, ich hab sie lieb. Aber gleichzeitig ist sie wirklich ätzend, nervig und ungerecht. Wer nervt mich andauernd mit Hausaufgaben? Wer gibt mir feuchte Küsse? Wer erzählt mir dauernd was vom lieben Gott? Wer verbietet Ballerspiele und DVDs ab 16? Wer bevorzugt meinen kleinen Bruder? Die Antwort ist immer: Mama! Während sie bei Mathilde die Masche Beste Freundin probiert, hat sie sich bei mir wohl für das Modell Sklaventreiberin entschieden. „Mannfred, hast du schon das? Mannfred, denkst du an dies? Mannfred, willst du nicht das?" Aaahhh! Ich bin kein Kleinkind mehr. Ab und an würde ich mit Mama gerne über meine Probleme und sogar Gefühle reden, aber wie kann man mit seinem Sklaventreiber auch über Liebeskummer sprechen? Das geht kaum. Ich bin übrigens beeindruckt, wie fest meine Mama an Gott glaubt. Der scheint ihr wirklich Kraft zu geben und ich weiß, dass sie für mich und meine Geschwister jeden Tag betet. Allerdings verstehe ich nicht, warum sie sich dann trotzdem so viel mit meinem Papa streitet!?

Mein Papa und die Frauen ... das ist auch so ein eigenes Thema. Ich sehe fast nie, dass Mama und Papa sich anfassen. Ich kann und will mir gar nicht vorstellen, dass die beiden Sex haben. Obwohl ich seit Neuestem weiß, dass Papa auch auf Brüste steht. Das habe ich nämlich im Verlaufsfilter des Internet Explorers gesehen. Jaja, mein ach so braver Papa. Denn im echten Leben ist er total angepasst. Alle Frauen (seine Tochter, seine Frau und seine Mutter) kommandieren ihn rum.

Ganz anders geht da mein Onkel Chris mit den Frauen um. Letztens war er mal wieder zu Besuch. Mathilde begrüßte er mit: „Na, du hast aber große Glocken bekommen, wer die wohl mal läuten wird?" Wie du dir sicher denken kannst, war meine Mutter begeistert! Mathilde selbst wurde rot, fand den Spruch aber vermutlich gar nicht so schlecht. Onkel Chris merkte, dass meine Mum gereizt war und machte es nur noch schlimmer. „Ach Siggi, stell dich nicht so an. Du und der Hardi, ihr sollte auch mal wieder ... knick knack ... dann wirst du auch wieder lockerer durch die Hüfte atmen. Bring mir mal 'n Bier." Ich wusste, was jetzt kam: „Exploding Sieglinde." Meine Mama geht hoch. Wenn man nicht beteiligt ist, ist das besser als Kino. Erst weiten sich Mamas Nasenflügel, dann wird ihr Kopf rot und sie haut mit der Hand auf den Tisch. Ihre Stimme überschlägt sich beim Reden. Und 5,4,3,2,1,0 Start: Sieglinde geht hoch. „Du blöder Macho, jetzt halt aber mal die Luft an. Ich habe wenigstens einen Partner fürs Leben gefunden und muss nicht dauernd von Bett zu Bett springen, auf der Suche nach Liebe, so wie du, Chris. Ich habe drei Kinder in die Welt gesetzt und du, was hast du erreicht? Dein Verhalten Frauen gegenüber ist unter aller Sau, schäm dich." Wawoh, die Rakete hatte diesmal echte Bomben versprüht. Chris saß getroffen und ohne Bier am Tisch und Rakete Sieglinde bog geradewegs in den Flur ab. Zurück blieb ich mit Onkel Chris. Der legte mir seine starke Hand auf die Schulter und sagte: „Manni, merk dir eins: Frauen! Es geht nicht mit ihnen, aber es geht auch nicht ohne sie." Und ich befürchte, damit hat er ausnahmsweise mal recht. Neuester Chuck-Norris-Witz: Chuck Norris versteht alle Gefühle von Frauen, außer wenn sie ihre Tage haben.

Mannfred erlebt das, was viele Männer beschreiben: Frauen verwirren uns oder sie machen uns sogar Angst. Und oft lassen wir uns von ihnen entweder rumkommandieren, wie Hartmut, oder wir respektieren sie nicht, wie Chris.

Deswegen wollen wir uns mal dem Thema nach den Empfindungen zuwenden, die sie in uns auslösen.

Ich bewundere sie

Frauen lösen in uns etwas ganz Besonderes aus. Schon als Kinder sind wir davon fasziniert, dass Mädchen anders sind. Frauen sind wunderschön. Ihre weiche Haut, ihr Mund, ihre Gesichtsform, ihre Brüste, ihr Po, ihre Augen, ihre Haare, ... lösen bei uns ganz tief im Inneren etwas aus. Ich denke, alle Männer, auch homosexuell empfindende, sind von der Schönheit von Frauen berührt. Ab der Pubertät sind wir dann besonders für die erotischen Reize von Frauen empfänglich. Das ist erst mal nichts Schlechtes und sorgt dafür, dass es uns alle überhaupt gibt. Aber dazu mehr in Kapitel fünf und sechs. Wir bewundern aber nicht nur den Körper von Frauen. Wir bewundern ihre Sanftheit, ihre mütterliche Seite, ihre Energie, ihren anderen Duft, ihre Sensibilität. **Frauen sind faszinierende, von Gott toll gemachte Wesen, die wir bewundern dürfen.**

Oft vergöttern wir besonders unsere Mutter sehr. Sie ist die erste Frau in unserem Leben und sie wird unser Bild von Frauen prägen, ob wir wollen oder nicht. Wenn unsere starke Mutterbindung zu früh oder zu spät gelöst wird, kann das unsere Reise zum echten Kerl stark beeinflussen. Der angesehene Psychologe William Pollack warnt in seinem Buch „Jungen, was sie vermissen, was sie brauchen" eindringlich davor, die Mutter-Sohn-Beziehung zu früh und zu abrupt zu trennen. Oft werden Jungs schon im Kindergarten von ihrer Mutter getrennt, ohne genügend Zeit zu haben, sich daran zu gewöhnen. Er beschreibt die Geschichte des 5-jährigen Johnny, der sich immer übergeben musste, wenn seine Mutter ihn im Kindergarten allein ließ. Pollack spricht von einem Trauma, das es uns später schwer macht, positive Beziehungen zu leben. Genauso schädlich ist es, wenn die abgöttische Bewunderung für Müttern bis in die 20er hineingeht. Auch viele Mütter vergessen, dass ihre kleinen Mannis irgendwann 120 Kilo wiegen und mehr Interesse am Playboy als an Playmobil haben. **Wir können die Reise zur Männlichkeit nicht mit Mama an der Hand beginnen.** Spätestens in der Pubertät sollten Jungs mehr Entscheidungen selbst treffen und zum Beispiel allein auf Jugendfreizeiten fahren. Wie Mütter diesen Prozess überleben, können sie im Exkurs nachlesen.

FAZIT: Echte Kerle sind fasziniert von Frauen und lösen sich im richtigen Zeitraum von ihrer Mutter.

ICH HABE ANGST VOR IHR

In meiner Männerbefragung habe ich folgende Frage gestellt: „Was macht dir an Frauen Angst? Warum hast du manchmal Angst vor Frauen?"

Interessant ist, dass nur zwei Männer geantwortet haben, sie hätten keine Angst vor Frauen. Ein paar der anderen Antworten lauteten:

⇒ „Mir macht ihr verführerisches Aussehen Angst" (Mehrfachnennung).
⇒ „Ich fürchte ihr übermäßiges, aggressives Selbstbewusstsein."

⇒ „Wenn sie so intelligent sind."

⇒ „Weil sie ziemlich unberechenbar sind und einige Frauen können einen auch ziemlich um den Finger wickeln."

⇒ „Frauen können manchmal Fragen stellen, die dich sehr herausfordern. Sie sprechen dein Inneres an."

⇒ „Frauen sagen oft das eine und meinen das andere. Zum Beispiel: ‚Nein, du brauchst mich nicht nach Hause bringen', obwohl sie sehr gerne nach Hause gebracht werden möchten."

⇒ „Ständiges Infragestellen (‚Warum machst Du das?', ‚Du könntest doch auch ...', ‚Mach doch mal ...')."

⇒ „Wenn sie größer sind als ich. Im Ernst."

⇒ „Die unkontrollierbaren und nicht nachvollziehbaren Emotionsausbrüche."

⇒ „Und weil sie immer viel reden, spricht sich alles schnell rum."

Ich glaube, es ist das Anderssein der Frau, das uns Angst macht.
In meiner Ehe habe ich Angst vor der Macht meiner Frau. Sie weiß so viel von mir. Sie hat mein Versagen erlebt. Sie weiß, wie oft ich dusche (natürlich jeden Tag ;-)) und die Unterhose wechsle. Sie weiß, wie ich mich im intimen Moment beim Sex verhalte. Sie weiß so manches Geheimnis. Damit hat sie Macht über mich und das macht mir manchmal Angst. Aber

nur dann, wenn unsere Liebe gerade nicht so stark ist. Angst dürfen wir haben. Die Bibel hat einen hoffnungsvollen Spruch dazu parat: „In der Liebe gibt es keine Furcht" (1. Johannes 4,18). Mehr zum Thema Angst findest du übrigens in Kapitel 8 (S. 180ff.).

FAZIT: Echte Kerle stellen sich der Angst, die Frauen in ihnen auslösen.

Sie Verwirrt mich

Mannfred ist verwirrt. Zum einen von der Freizügigkeit von Frauke und zum andern vom Verhalten seiner Schwester.

Das Erste ist recht leicht zu erklären. Frauenkörper können bei uns erotische Gefühle und Gedanken auslösen. Einige Frauen wissen das und machen das sehr bewusst. Die sollen sich aber bitte nicht beschweren, wenn sie dann eher als Sexobjekte angesehen werden.[3] Dann gibt's einige Mädels, die einfach nicht wissen, was sie bei uns Jungs auslösen. Auf einer Jugendfreizeit stand eine gut aussehende Mitarbeiterin vor der Gruppe und erzählte einen guten Erfahrungsbericht. Ich wette, dass viele der Jungs nur die Hälfte mitbekamen, weil nämlich ihr T-Shirt recht kurz war und man immer wieder den Bund ihrer Unterhose und ihren Bauch sehen konnte. Ich habe sie dann später dezent darauf hingewiesen. Natürlich mit dem Hinweis, dass ich selbstver-

---
[3] Auch wenn das natürlich von den Jungs nicht richtig ist. Siehe 30 Tipps.

ständlich nicht hingeschaut, sondern das nur von jemand anderem gehört hätte. ☺

Was uns Männer mehr verwirrt und was auch ich oft nicht verstehe, ist, wie Frauen denken und was sie wann, wie, warum fühlen. Das wird uns wohl für immer ein Rätsel bleiben. Warum finden sich Frauen fast immer zu dick? Warum müssen sich hübsche Frauen im Bad stundenlang hübsch machen? Warum ist unser Verhalten in 99 Prozent der Fälle richtig und dann auf einmal falsch? Was geht in ihnen vor, wenn sie ihre Tage haben?

Das Beruhigende ist, dass selbst Frauen nicht immer erklären können, warum sie so denken oder handeln.

Die Frage ist, wie gehen wir damit um? **Viele Männer haben aufgegeben, ganz nach dem Motto: „Die werden wir nie verstehen"** oder „Ein Mann ein Buch, eine Frau eine Bücherei". Viele Menschen standen schon vor großen Herausforderungen: Herr Eiffel musste einen Riesenturm bauen. Herr Diesel wollte einen besseren Motor bauen. Mutter Theresa wollte die Armut bekämpfen. Martin Luther King die Rassentrennung aufheben. Viele scheinbar unlösbare Aufgaben: Aber es gab Männer und Frauen, die sie angepackt haben. Das wünsche ich mir auch für uns Männer. **Wir können lernen, Frauen besser zu verstehen.** Dazu müssen wir uns mit ihnen beschäftigen. Vieles über Frauen habe ich nicht von meiner Frau Johanna, sondern von meinen guten Freundinnen gelernt. Ich habe Bücher (keine Büchereien) über Frauen gelesen. Ich bitte meine Frau immer mal wieder, dass sie mir Sachen erklärt. Ich rede mit anderen Männern über Frauen. Natürlich mache ich das auch aus Egoismus. Denn wenn ich meine Frau besser verstehe, kann ich sie besser lieben. Und das gewisse Mysterium Frau ... hält das Ganze ja auch irgendwie spannend.

FAZIT: Echte Kerle geben es nicht auf, Frauen besser verstehen zu wollen.

Ich fühle mich zu Stark neben ihr

Mannfreds Onkel Chris ist das beste Beispiel, was dabei rauskommt, wenn man sich Frauen überlegen fühlt: Abwertende Sprüche und eine respektlose Haltung. Auch wenn das einige Mädels anscheinend wirklich gut finden, ist es für eine langfristige Freundschaft / Beziehung Gift.

Männer sind körperlich oft stärker als Frauen. Das kann für Frauen super sein, wenn sie angegriffen werden oder es darum geht, ein Gurkenglas zu öffnen. Allerdings können wir diese Stärke auch missbrauchen. Frauen zu beschimpfen, zu bedrohen, sie zu schlagen oder sie zu etwas zu zwingen ist feige und zeigt, dass man zum Thema Mannsein noch gar nix verstanden hat. Ich vermute, dass die meisten Leser so etwas eher nicht machen. Und doch erlebe ich oft, dass das Gefühl der Stärke ausgenutzt wird. Ein paar Beispiele:

⇒ ich selbst habe cholerische Züge. Ich kann also laut und aggressiv werden. Wenn das passiert, auch wenn es fast nie gegen sie gerichtet ist, so macht das meiner Frau Angst. Mein Verhalten schüchtert sie ein.

⇒ ein gut aussehender Junge genießt es, auf Partys mit vielen Mädchen zu flirten oder auch mal zu knutschen. Danach kümmert er sich nicht mehr um sie.

⇒ ein Mann redet in einer Beziehung am einen Tag vom Heiraten und am anderen Tag von Trennung.

⇒ ein Jugendleiter bevorzugt eine hübsche Teilnehmerin beim Küchendienst.

⇒ ein Gruppe Jungs bewertet am Strand das Aussehen von Mädels nach Schulnoten.

Unsere Stärke kann Frauen wirklich guttun und ihnen helfen oder sie klein machen. Es ist deine Entscheidung!

FAZIT: Echte Kerle bieten ihre Stärke an, sie nutzen sie nicht aus.

Ich fühle mich Schwach neben ihr

Leider funktioniert das Problem mit der Stärke auch umgekehrt. Viele Mädels haben – besser als Jungs – ein gutes Gefühl für die Schwachpunkte von Menschen. Sie wissen, wie sie uns mit Haut, Intelligenz und Charme manipulieren können. Gerade deswegen sind Kapitel fünf und sechs wichtig, denn wir müssen lernen, nicht zu sehr „geschlechtsteilgesteuert" zu leben. Und es ist wichtig, dass wir wissen, was wir wollen. Wenn wir nicht wissen, was wir können, wo wir hinwollen, werden wir oft das tun, was Frau will (mehr dazu im Kapitel 9). Das ist zwar bestimmt meistens nicht das Schlechteste, aber es ist nicht die Einstellung, die dir guttut.

Nun sind wir Männer so, dass wir uns nach weiblicher Bestätigung sehnen. Wir versuchen sie auch von Frauen zu bekommen: „Schau mal, Mami, ich kann ohne Hände Fahrrad fahren!" Und kurz danach: „Schau mal, Mami, ich kann ohne Zähne Fahrrad fahren." – „Schau mal, Lehrerin Müller, wie ich das Bild gemalt habe!" – „Guck mal, Uschi, wie geil mein Auto ist!" – „Ey Betty, ich bin doch gut im Bett, oder?"

Viele Männer glauben, dass sie wahre männliche Stärke von einer Frau bekommen können. Selten fühlen wir uns so männlich, wie wenn wir unsere erste Freundin haben. Sie ist Julia, also bin ich wohl Romeo. Wir glauben, jetzt sind wir Männer. Drei Wochen später knutscht Julia mit Karsten. Dann sind wir wohl doch keine echten Männer. **Der Erfolg oder Misserfolg bei Frauen darf nicht über unsere Männlichkeit entscheiden.** Natürlich fühlt es sich gut an, eine Freundin oder Frau zu haben, aber es macht uns noch lange nicht zu einem echten Kerl. „Die Reise zur Männlichkeit führt einen Mann zunächst einmal weg von der Frau, damit er wieder zu ihr zurückkehren kann ... um ihr Stärke zu geben", schreibt John Eldredge in seinem Buch „Der ungezähmte Mann".

FAZIT: Echte Kerle wissen, dass sie ihre Stärke niemals allein von einer Frau bekommen können.

30 Tipps, wie echte Kerle gut mit Frauen umgehen

1. Respektiere sie. Frauen sind nicht schlechter als Männer! Sie sind zutiefst wertvoll und verdienen unseren Respekt!
2. Schau ihnen zuerst in die Augen. Und die Augen sind nicht auf Brusthöhe. Frauen sind keine Sexobjekte.
3. Hör ihnen wirklich zu. Damit meine ich, mach den Laptop zu, schau ihnen in die Augen und denk mal kurz nicht an Fußball oder Sex.
4. Mach Frauen Komplimente, aber nicht um sie zu manipulieren oder „rumzukriegen".
5. Spiel niemals mit ihren Gefühlen. Sei ehrlich zu ihnen.
6. Sei höflich. Mach ihnen die Tür auf oder biete ihnen an, die Kisten zu tragen.
7. Berühr sie nur dort, wo sie es in dem Moment gerne zulassen.
8. Belästige sie nicht mit deinem „männlichen Schweißgeruch" oder deiner „Dönerfahne" (schon mal was von Deo und TicTacs gehört?).
9. Sei großzügig, aber versuche nie sie zu kaufen.
10. Sag Stopp, wenn sie dich manipulieren oder dominieren wollen.

11. Mach keine vulgären Witze vor ihnen, außer du weißt, dass sie das mögen.
12. Benutze Frauen nicht als „Wixvorlage".
13. Flirte nicht mit ihnen, nur damit du dich gut fühlst.
14. Mach erst dann kritische Bemerkungen zu ihrem Äußeren, wenn ihr eine gute Beziehungsebene habt, und auch dann sei liebevoll.
15. Wenn du sie liebst, erobere sie immer wieder.
16. Überrasche sie! Zum Beispiel mit echten Gefühlen, Geschenken, Essen.
17. Biete ihr Stärke und Schutz an, akzeptiere aber auch, wenn sie das gar nicht möchte.
18. Sei zuverlässig.
19. Versuch sie zu verstehen.
20. Nimm sie und auch ihre (für dich) unverständlichen Gefühle ernst.
21. Interessiere dich für sie, frag nach.
22. Sei bereit ihr zu vergeben und eine neue Chance zu geben.
23. Sei dankbar.
24. Überdenke deine Haltung: Sie ist nicht deine Dienerin, Köchin oder Putzfrau.
25. Lästere nicht über ihre Verwandtschaft oder Freunde.
26. Werde zuerst ihr Freund und dann ihr Partner.
27. Lass ihr ihre Freiheiten (z.B. Zeit nur mit ihren Freundinnen).
28. Leg ihr nicht alles zu Füßen, auch sie muss noch Grund haben, um dich zu kämpfen.
29. Werde selbst ein echter Kerl, damit dienst du ihr sehr.

Und der wichtigste Tipp:

30. Nimm sie an, wie sie ist, mit allen Schwächen und Stärken.

Ihr merkt schon, es gibt noch viel zu tun, übrigens auch für mich.
☞ Welchen der Tipps möchtest du jetzt sofort angehen?

Bleibt die Frage: Was für Männer wollen Frauen?

Ich habe Frauen aus meinem Bekanntenkreis die folgenden zwei Fragen gestellt, die sie anonym (doodle sei Dank) beantwortet haben. Herausgekommen ist keine repräsentative Studie, sondern subjektive Antworten, die allerdings spannende Tendenzen zeigen:

Frage 1: Welche drei Eigenschaften muss dein Traummann haben?
Hier die Antworten mit den meisten Nennungen: humorvoll/Lebensfreude ausstrahlen, Treue, Ehrlichkeit, Zuverlässigkeit, Stärke zeigen, Christ, interessiert und einfühlsam, Ziele in seinem Leben verfolgen.

Frage 2: Welche drei Sachen findest du bei Männern abstoßend?
Auf Platz eins lag mit den mit Abstand meisten Stimmen: Ungepflegt sein (Füße stinken, Unord-

nung in der Wohnung). Weitere „No-Gos" für die befragten Frauen: Unsicherheit / keine Meinung haben, kein Benehmen und keinen Respekt, Machos / Angeber, Egoismus, dreckige Witze in Gegenwart von Frauen erzählen, jähzornig / aggressiv.

Natürlich ist das nur eine Mini-Umfrage. Und doch bestätigt sie meine Beobachtung, dass Frauen sich eher nach „soliden" Männern sehnen, die Zuverlässigkeit und Stärke zeigen, die allerdings keine Machos sind. Mich überfordert dieser Anspruch und gleichzeitig ermutigt er mich, an dem Thema „Ein echter Kerl werden" dranzubleiben.

Und wenn die befragten Frauen recht haben, dann sind ungepflegte Weicheier, die kein Benehmen haben und Machosprüche reißen, der Horror der Frauen.

TRAUMFRAU UND ALBTRAUMFRAU

Natürlich habe ich meine Fragebogen-Männer auch gefragt, was ihre Traumfrau für Eigenschaften haben muss. Diese Antworten will ich dir nicht vorenthalten. Hier sind sie sortiert nach der Häufigkeit der Nennung:

⇒ gutes Aussehen / attraktiv finden
⇒ Herzensgüte / liebevoll
⇒ intelligent
⇒ sie muss mich annehmen / lieben, wie ich bin
⇒ ehrlich und treu
⇒ Humor
⇒ den gleichen Glauben haben
⇒ muss mir sympathisch sein / auf meiner Wellenlänge liegen
⇒ sie muss vergeben können

Und hier noch die Top 5 der Sachen, die Männer bei Frauen abstoßend finden:
1. ungepflegtes Äußeres
2. wenn sie sich hart und unnatürlich stark geben
3. zickig / biestig
4. wenn sie sich nuttig verhalten
5. zu große Brüste

KAPITEL 3
ELTERN, GESCHWISTER, FREUNDE UND ANDERE PROBLEME

Ich bring ihn um! Wirklich, das ist kein Spruch. Ich bringe ihn um. Moritz, mein kleiner Bruder, hat mir eben ein Kaugummi angeboten. Lieblich grinsend streckt er mir eine Packung entgegen. Ich wunderte mich schon ein bisschen über seine Großzügigkeit und griff nach dem Kaugummi. Da durchzuckte mich auf einmal ein schrecklicher Schmerz. „Ahhh uuuu", schrie ich und Moritz rannte brüllend vor Lachen weg. Aua!!! Mein Bruder hat seit Neuestem eine Schwäche für Scherzartikel, die er sich, anders als ich damals, auch kaufen darf.

Ah, dieses Elektroschock-Kaugummi tut echt weh. In solchen Momenten könnte ich meinen kleinen Bruder an die Wand klatschen und drübertapezieren. Aber wenn er dann heut Abend wieder mit verheultem Gesicht dasteht und ganz sanft fragt: „Ich hab schlecht geträumt, kann ich bei dir schlafen?", dann kann ich ihm irgendwie nicht böse sein. Und wenn er sich dann an mich kuschelt ... dann hab ich ihn echt lieb, meinen Kleinen. Genauso geht es mir mit allen meinen Familienmitgliedern. Ich weiß, dass ich sie mein ganzes Leben nicht mehr loswerde. Sie gehen mir oft so was von auf den Sack und doch sind wir die feste Gemeinschaft der ... Ach ja, meinen Nachnamen verrate ich dir ein anderes Mal.

Vor Kurzem hatten wir Familienfest. Meine Schwester Mathilde hatte einen Ausschnitt, in den ganze Häuser hätten reinfallen können, wie peinlich. Onkel Chris wusste gar nicht, wo er hinschauen sollte. Interessant übrigens, dass mich der Ausschnitt meiner Schwester vollkommen kalt lässt, während Fraukes Ausschnitt was ganz anderes bei mir auslöst.

Mit den Familienfeiern ist das immer so ein Ding. Ich freu mich schon darauf, aber sie enden meist in Chaos, Streit oder Langeweile. Dieses Mal war eine Grillparty in unserem Garten geplant. Neben meiner Family, einigen Onkels, Tanten und Cousinen (die andern können wohl keine Jungs, deswegen gibt's keine Cousins) war auch meine schwerhörige Oma dabei. Seit Jahren versuchen wir sie zu einem Hörgerät zu überreden – ohne Erfolg. Vor Kurzem mussten wir ihr erklären, dass der Postbote sie nicht gefragt hatte, ob er „sie mit ins Bett nehmen kann", sondern ob sie „für Schmidt ein Paket annehmen kann".

So nahm das Fest also seinen Lauf. Mein Vater bemühte sich zu grillen, was leider immer mit angekohlten Steaks und durch den Rost gefallenen Würstchen endet. Mathilde saß in einer Ecke und tippte die ganze Zeit auf ihrem Handy rum und zeigte damit allen, wie öde sie das Ganze fand. Moritz wusste gar nicht, welche seiner Cousinen er zuerst ärgern sollte, und Mama wirkte wie eine Aufziehfigur, die etwas überdreht wurde. Sie lief von einer Gruppe zu andern, lachte immer wieder etwas zu laut und verschwand dann wieder in der Küche, um schnell noch etwas zu holen. Ich saß bei Onkel Chris und wir schlossen Wetten ab, welche meiner Cousinen zuerst weinen würde. Tante Emma (sie heißt wirklich so) kam vorbei und fragte lauter Sachen, die Tanten nicht fragen sollten: „Macht die Schule denn Spaß ... Mannilein?" Mit solchen Fragen bringt man Kinder zum Lügen. „Und gibt's denn schon eine hübsche junge Dame, die deine Freundin ist?" Ahhh! Ich will hier weg! Onkel Chris schaltete sich in das Gespräch ein und ich hoffte, dass er mich retten würde. Was er leider nicht wirklich tat. „Emma, ich habe Mannfred ermutigt, sich nicht zu früh auf ein Geschlecht festzulegen. Vielleicht findet er ja einen hübschen jungen Mann." Der armen konservativen Tante Emma entgleisten die Gesichtszüge. Ich wurde knallrot und Chris strahlte über das ganze Gesicht. Zum Glück rief Papa in diesem Moment: „Wurst ist fertig. Das Büffet ist eröffnet", woraufhin Oma rief: „Durst, au ja, den hab ich auch. Und was gibt's vom Büffel?"

Wenn man über meine Family eine Doku drehen würde, dächten bestimmt alle, das wäre viel zu übertrieben. Das Highlight des Festes kommt aber noch. Ich erwähnte ja bereits die Scherzartikelsammlung meines Bruders. Ein Utensil ist ein hautfarbener Ring, den man sich auf den Finger setzen kann und der aussieht, als ob man sich einen Nagel durchgehämmert hätte. Unten schaut die Spitze und oben der Nagelkopf raus. Moritz verzierte seinen Finger nun mit dem Scherzartikel und half mit Grillketchup nach. Mit schmerzverzerrtem Gesicht ging er (ausgerechnet) zu Tante Emma, sagte: „Emma, ich hab mir wehgetan, schau mal" und hielt ihr den vor Ketchupblut tropfenden Finger unter die Nase. Tante Emma stieß einen so schrillen Schrei aus, dass ich kurz Angst hatte, die Gläser würden zerspringen. Moritz, Onkel Chris und ich konnten nicht mehr vor Lachen. Mama dagegen platzte der Kragen ... das scheint nicht ihr Humor zu sein. Sie schnappte sich Moritz und sagte: „Es reicht, ab ins Bett, du verzogener Lümmel." Leider hatte Mama vergessen, dass mein kleiner Bruder gerade in einer Wutphase ist und durch einen neuen Jungen in seiner Klasse viele neue Schimpfwörter kennt. Nicht, dass er weiß, was sie bedeuten. Auf jeden Fall fing Moritz an, mit beiden Händen wild um sich zu schlagen, während meine Mutter ihn am Genick gepackt hatte. Beim Schlagen verhedderte sich die Schnur vom großen Sonnenschirm in Moritz' Armen und er zog den Schirm mit sich, bis dieser schließlich auf den Buffettisch krachte und der Topf Rotweinbowle in hohem Bogen vor und auf Mathildes weißem Sommerkleid landete. Während der Abschleppaktion meiner Mutter bedachte mein (süßer kleiner) Bruder meine Mutter mit Schimpfwörtern, die selbst ich hier nicht wiederholen möchte. Oma rief auf jeden Fall: „Recht hat er, recht hat er." Alle schauten sie entgeistert an. „Diese öde Glotze ... da läuft ja nur Schrott".

Am nächsten Morgen erzählte ich Kevin und Timotheus von meinen Erlebnissen. Sie lachten ordentlich mit und Timo sagte: „Mach dir nix draus, jede Familie hat ihren Schaden." Und Kevin meinte: „Das mit dem Finger muss ich mir für unser nächstes Familienfest merken."

Ich mag die beiden echt. Sie sind meine besten Freunde. Wobei ich mich nicht entscheiden kann, wer von den beiden mein allerbester Freund ist! Mit Kevin kann man mehr Scheiß machen, aber Timotheus ist der Zuverlässigere, der immer zuhört!

In der Grundschule, da hatte ich einen besten Freund. Er hieß Manfred, mit einem „n". Schon an den ersten Schultagen spielten Manfred und ich super viel miteinander. Am liebsten suchten wir nach Ideen, wie man „Matchbox-Autos" möglichst gut fliegen lassen kann. Und man glaubt gar nicht, wie stabil diese Dinger sind. Aus dem zweiten Stock der Schule überlebten sie einen Sprung ohne Probleme. Gummibänder wurden zu Katapulten. Nicht ganz so gut kam die Idee an, den Toaster der Schulküche als Auto-Startrampe umzubauen. Noch heute kann ich den Satz „Der Toaster ist zum Toasten von Brot da" sehr gut schreiben, habe ich ja auch hundertmal geübt. Manfred hatte tolle Ideen. Allerdings spielten wir fast nie bei ihm zu Hause. Sein Papa war kein guter Mensch. Öfters hatte Manfred blaue Flecken an seinem Körper. Irgendwann fragte ich ihn mal großspurig, ob ich seinen Papa nicht mal verkloppen sollte, aber da wurde Manfreds Gesicht ganz traurig und er flüsterte: „Nein, ich hab ihn doch lieb."

So erlebten wir beiden „Man(n)is" so manche Geschichte, über die man auch mal ein Kinderbuch schreiben könnte. Wir waren die dicksten Kumpels. Ich erinnere mich daran, dass wir uns in der 1.Klasse sogar ab und an mal geküsst haben. Das finde ich heute ziemlich komisch, aber damals war das irgendwie ein Zeichen, dass wir uns voll gut finden. (Stelle mir gerade vor, heute einfach mal so Kevin zu küssen. Der würde mir eine reinhauen ... komisch, wie man sich verändert). In der vierten Klasse ging es damals bei uns los, dass sich die ersten „Paare" in unserer Klasse bildeten. So total ernste Beziehungen, die beinhalteten, dass man diejenige auch zum Kindergeburtstag einlud, wenn die Beziehung denn überhaupt drei Tage überstand. Natürlich waren auch Manfred und ich verliebt, auch wenn wir das nie öffentlich zugegeben hatten. Einmal, als Manfred und ich bei uns im Garten zelteten, haben wir uns den ganzen Abend schlechte Witze erzählt. Zum Beispiel: „Chuck Norris schafft es, eine 5-Minuten-Terrine in 30 Sekunden zuzubereiten" oder „Treffen sich zwei Jäger. Beide tot." Und irgendwann kamen wir auf die Idee, uns Geheimnisse zu erzählen. Manfred fing an: „Ich habe schon ein paarmal bei euch ins Waschbecken gepinkelt." Wir mussten beide voll laut lachen. „Und ich hab beim Essen schon mal so schlimm gepupst, dass alle es gerochen haben. Und ich hab alles auf meinen kleinen Bruder geschoben." Dann wurde Manfred ernster und sagte: „Wenn du mir sagst, in wen du verliebt bist, dann sag ich dir auch, in wen ich verliebt bin." – „Einverstanden, aber du fängst an." Schweigen. „Ihr Name fängt mit M an." – „Waaas, Marie?" Manfred nickte. „Aber die ziehst du doch dauernd an den Haaren und ihr schreit euch immer an?" Mein Kumpel zuckte nur mit den Schultern. Ich erzählte ihm dann noch, dass ich (natürlich nur ein kleines bisschen) in Anne verliebt war. Wir beschlossen, dass derjenige, der ein Geheimnis des anderen ausplaudert, vom anderen umgebracht werden darf. Natürlich mit einer Foltermethode seiner Wahl. Wenige Wochen später war das Abschlussfest unserer vierten Klasse, einer der schlimmsten Tage meines Lebens. Es fing damit an, dass wir Jungs aus der Klasse ein Lied für unsere Lehrerin vorsingen mussten (was auch für die Lehrerin eine Strafe war) und dabei alle „Bienenkostüme" trugen. Dabei muss der Text irgendwie so gewesen sein: „Summ summ summ, das Schuljahr ist jetzt um. Wir waren aller voller Fleiß, wie Bienen kam uns da der Schweiß. Summ summ summ, das Schuljahr ist jetzt um." Wobei fast alle Jungs anstatt „Schweiß" „Scheiß" sangen. Von diesem emotionalen Stress gebeutelt gerieten Manfred und ich in einen Streit. Mein bis dahin bester Freund schubste mich so sehr, dass meine Bratwurst auf den Boden fiel. Dazu muss man wissen: Ich liebe Bratwürste über alles. Irgendwie brannte bei mir eine Sicherung durch und ich fing an mich mit Manfred zu prügeln.

Während sich langsam die halbe Klasse um uns herum versammelte, versuchten ausgerechnet Marie und Anne uns zu trennen. Irgendein Papa kam ihnen zu Hilfe und zog mich von Manfred weg. Ich war so unendlich wütend. Eigentlich war ich tief in mir drin total traurig, dass wir beide uns geprügelt hatten. Vor lauter Wut schrie ich mit Tränen in den Augen: „In Zukunft kannst du ja bei deiner verlieb-

ten Marie ins Waschbecken pinkeln, nicht mehr bei uns!"
Bis heute steht mir noch Manfreds Gesicht vor Augen. Da war keine Wut mehr drin, sondern nur Traurigkeit. Anne sagte später, Manfred habe ausgesehen wie jemand, dessen Herz gerade auseinandergerissen worden sei. Wie Mädchen das nur immer so gut formulieren können ...!? Seit diesem Tag war unsere Freundschaft vorbei. Am nächsten Tag in der Schule wollte ich so tun, als ob nix gewesen wäre und brachte eine Steinschleuder und Autos mit. Aber Manfred ging schweigend weg. Bis heute haben wir nicht mehr über diesen Tag geredet. Nach der Vierten ging Manfred auf eine andere Schule. Ab und an sehen wir uns noch. Er ist mittlerweile einen Kopf größer als ich und dafür bekannt, dass er öfters mal zuschlägt. Ich hoffe, er erinnert sich nicht irgendwann mal an unser Versprechen mit dem Umbringen und Foltern. Schon oft habe ich überlegt, mich zu entschuldigen ... getraut habe ich mich noch nicht. Ich war danach eine Zeit lang echt ziemlich einsam. Irgendwie braucht man das innen drin: Freunde.

Eine kleine Vorbemerkung zum Thema Eltern. Ich beziehe mich auf den nächsten Seiten auf die klassische Familie bestehend aus Vater, Mutter und ihren Kindern. Auf Alleinerziehende und Patchworkfamilien gehe ich nicht extra ein, aber ich denke, dass die Gedanken auch für diese Familiensettings hilfreich sein können.

ELTERN UND IHRE SCHWIERIGE PHASE

Unsere Eltern sind am Anfang unseres Lebens die wichtigsten Menschen für uns. Ohne sie gäbe es uns nicht. Ohne sie wären wir längst verhungert oder vermutlich schon hundertmal gestorben. Sie haben unser Leben so oft gerettet, unsere Kotze weggewischt und uns außerdem das Sprechen, das Laufen und vieles mehr beigebracht. Ich glaube, Eltern sein ist echt nicht leicht und ich finde, **wir sollten unseren Eltern erst mal sehr dankbar sein**. Sie haben so viel Zeit, so viel Kraft und so viel Geld in uns investiert. Danke.

Und doch scheint es, dass unsere Eltern meistens dann, wenn wir in die Pubertät kommen, auch eine ganz komische Phase durchmachen. ☺ Als Kinder haben wir ein großes Vertrauen, dass unsere Eltern es gut mit uns meinen und alles stimmt, was sie sagen. Mit der Pubertät werden unser Freiheitsdrang und unsere kritische Sicht verstärkt. Wir wehren uns gegen die Meinung unserer Eltern und entdecken ihre Macken. Teilweise schämen wir uns für unsere Eltern: „Papa, du bist sooo peinlich!"

Hier einige Antworten, was Jungs in dieser Phase an ihren Eltern genervt hat:

„Meine Eltern haben mir kein Vertrauen geschenkt. Ständig musste ich mir anhören, was ich alles nicht kann und dass, wenn ich so weitermachen würde, aus meinem Leben nichts werden könne."

Solche Eltern zerstören das Selbstwertgefühl ihres Kindes. Natürlich nerven wir unsere Eltern auch ziemlich und gerade in der Pubertät sind wir oft unausstehlich. **Trotzdem brauchen wir das Grundgefühl, dass unsere Eltern uns lieben und gut finden.** Wenn deine Eltern nicht so sind, dann versuche ihnen klarzumachen, wie sehr dich ihr Verhalten verletzt. Entweder sagst du es ihnen in einer ruhigen Minute oder du schreibst ihnen einen Brief. (Und gib ihnen den Exkurs dieses Buches für Eltern zu lesen). Bei alledem dürfen wir aber auch nicht vergessen, dass wir teilweise sehr empfindlich reagieren. Ein als Kompliment gemeinter Satz: „Deine Frisur sieht heute aber echt gut aus" wird dann so verstanden, dass sie gestern wohl nicht gut aussah. Gib deinen Eltern eine Chance.

„Mich haben Verbote genervt, deren Sinn ich nicht eingesehen habe: wenig Fernsehen, Computer, Internet, viel zu früh zu Hause sein, wenn irgendwo 'ne Party war."

Wir hatten, als ich ein Teenie war, nur drei(!) Fernsehprogramme. Das heißt, die Sendungen von RTL, Sat. 1, ProSieben und Co waren für mich nur in den Nacherzählungen meiner Kumpels präsent. Damals war ich davon nicht wirklich begeistert. Heute bin ich dankbar, dass ich viel Schrott nicht gesehen und eigentlich nichts verpasst habe. Auch wenn es doof klingt: Verbote sind meistens ein Zeichen der Liebe deiner Eltern. Sie wollen dich beschützen. Ab und an übertreiben sie den Schutz allerdings etwas. Was kann man dann machen? Diskutieren. Aber nicht schreiend, Türen knallend oder mit einer Beleidigten-Leberwurst-Stimme. Viele Eltern stehen auf gute Argumente (wenn sie wahr sind):

⇒ „Kevins Papa fährt eh um 23 Uhr Kevin abholen, dann müsstet ihr um 22 Uhr nicht extra fahren."

⇒ „Mama, Timotheus und ich haben eine Wette laufen, dass keiner Alkohol trinken wird."

⇒ „In einer Zeitschrift habe ich gelesen, dass Computerspiele die Reaktionsfähigkeit stärken."

⇒ „Mama, hier ist die Nummer von Fraukes Eltern, du kannst ja mit ihnen Absprachen treffen, damit wir auch sicher in verschiedenen Zimmern schlafen."

Übrigens: Lügen riechen Eltern schon auf 10 Kilometer Entfernung und wenn sie einmal dahinterkommen, werden sie dir viel weniger vertrauen. **Sei ehrlich und steh zu deinen Versprechen.**

„Dass sie meine Grenzen nicht respektiert haben. Ich wollte mich in mein Zimmer zurückziehen und nicht kontrolliert werden, trotzdem wurde dort in meiner Abwesenheit sauber gemacht."

Dieses Beispiel beschreibt gut einen Grundkonflikt: Wir sind keine Kinder mehr und wollen auch nicht länger mehr so behandelt werden. „Hallo, ich bin schon zwölf, da kann ich ja wohl selbst entscheiden, ob ich Auto fahre oder nicht." Aber unsere Eltern haben noch die Verantwortung für uns und wir sind von ihnen (ihrem Geld, ihrem

Rat und wenn wir ehrlich sind, auch von ihrer Liebe) abhängig. „Solange du deine Füße unter meinen Tisch stellst ... blablabla." Deswegen ist das Thema „Grenzen" super wichtig. Damit ist nicht gemeint, dass du eine Mauer mit Stacheldraht um dein Zimmer bauen solltest, sondern es geht darum, dass jeder seine Grenzen klar kommuniziert. Du könntest z. B. zu deinen Eltern sagen: „Ich will nicht, dass jemand in mein Zimmer geht, wenn ich nicht da bin." Dann könnten sie erwidern: „Wir wollen, dass unser Haus sauber ist, deswegen muss dein Zimmer einmal die Woche sauber gemacht werden." Damit hat jeder klar gesagt, worum es ihm geht. Denn das ist ganz wichtig: **Du musst deine Grenzen klarmachen und die Grenzen deiner Eltern achten.**

„Ich fand es sehr schmerzhaft, wenn sie sich stritten."

Ja, das stimmt, wir Kinder sind sehr empfindlich dafür, wenn es unseren Eltern nicht gut geht. Intuitiv denken wir oft, dass wir an dem Streit oder der Krise mit schuld sind. WICHTIG: **Deine Eltern sind für ihr Leben erst mal selbst verantwortlich.** Du kannst weder ihre Ehe retten noch alle ihre Probleme lösen. Was du kannst, ist ihnen mitteilen, was du scheiße findest. Viele Eltern nehmen das, was ihre Kinder beobachten, sehr ernst. Wenn ihr nicht gut miteinander reden könnt, dann schreib ihnen einen Brief oder lass ihnen deine Meinung über jemand anderen ausrichten. Hier kann es auch mal angebracht sein, den Eltern seinen Frust und seine Verletzung an den Kopf zu schreien, wobei das natürlich oft nicht der beste Weg ist. Die Frage ist, wie du mit deinem Frust sonst umgehst. (siehe Kapitel 1)

RICHTIG STREITEN!?

„In einer Familie, die nicht nur aus Mumien besteht, gehören Konflikte dazu", sagte der Sänger Reinhard Mey einmal in einem Interview. Ich habe beobachtet, dass es in jeder Familie verschiedene Streitkulturen gibt. Die einen schreien laut rum, die anderen diskutieren endlos, bei anderen verlässt man einfach den Raum und flieht vor dem Konflikt und bei wieder anderen darf es keinen Konflikt geben und alles wird immer beschönigt. Vielleicht kannst du schon bei deinen Eltern verschiedene Konfliktlösungsarten feststellen und bestimmt wirst auch du beim Thema Streiten ein Muster deiner Eltern übernehmen. Ich habe zum Bespiel bei meinen Eltern kaum Streits mitbekommen. Konflikten ging man eher aus dem Weg oder man diskutierte auf einer sachlichen Ebene. Dadurch habe ich aber nie gelernt, mit einem emotionaleren Streit umzugehen. Als ich diese dann in der Arbeitswelt erlebte, war ich damit echt überfordert. Emotionen (Wut, Ärger, Traurigkeit) gehören zum Streiten dazu und dann sagt man auch mal Sachen, die verletzend sind. Wichtig ist, dass man wieder auf eine sachliche Ebene zurückfindet. Und **die Worte „Es tut mir leid" gehören zur Standardausrüstung des Streitens**.

Beim Streiten liegen die Ursachen des Konflikts oft tiefer, als es auf den ersten Blick den Anschein hat. Streitet sich Mannfred zum Bespiel mit Moritz, weil der ihm mit dem Elektroschock-Kaugummi wehgetan hat, dann steckt dahinter vielleicht der Neid von Mannfred, dass Moritz solche Scherzartikel haben darf, die er in dem Alter nicht hatte. Deswegen ist es bei einem Streit immer wichtig zu überlegen, welche unerfüllten Sehnsüchte zu meiner Reaktion geführt haben.

Tipps für eine gute Streitkultur

⇒ Wenn du deinen Ärger immer wieder verschweigst, ist er nicht weg, sondern er staut sich an und du gibst dem anderen keine Chance sich zu ändern. Sei ehrlich.

⇒ Vermeide Verallgemeinerungen wie „Immer bevorzugt ihr Moritz".

⇒ Versuche „Ich"-Botschaften zu senden. „Ich ärgere mich über deine schlechten Chuck-Norris-Witze" ist besser als „Du machst immer schlechte Chuck-Norris-Witze".

⇒ Wühle nicht in der Vergangenheit („Als ich drei war, habt ihr auch schon …"), sondern bleib beim aktuellen Konflikt.

⇒ „Ich wünsche mir, dass …" ist viel besser als „Du musst …"

⇒ „Entschuldigung" ist ein sehr wichtiges Wort.

⇒ Finde heraus, worum es bei dem Streit eigentlich geht. Was willst du tief drin wirklich?

> ⇒ Kritisiere den anderen mit Wertschätzung: „Ich weiß, Papa, dass du es mit deinen Regeln nur gut meinst, aber ich fühle mich durch euch eingeschränkt."

ELTERN LIEBEN EINEN, ODER!?

Ich gehe davon aus, dass die meisten Eltern ihre Kinder sehr, sehr lieben. Sie wollen wirklich nur das Beste für uns. Und doch gibt es Eltern, die dazu anscheinend unfähig sind. Eltern, die ihre Kinder schlagen, ihnen die Freiheit nehmen, sie sexuell oder emotional missbrauchen oder sie total vernachlässigen. Mannfreds Grundschulfreund Manfred hat das erlebt. Allerdings lässt Manfred es „aus Liebe" geschehen und holt sich keine Hilfe. Später wird er selbst zum Schläger.

Ich persönlich werde richtig sauer, wenn ich mitbekomme, was Eltern ihren Kindern antun können. Das geht gar nicht!

Wenn du selbst ein Betroffener von „familiärer Gewalt" bist oder das bei anderen beobachtest, dann ist es Zeit zu handeln! Sprich mit einem Lehrer, Jugendleiter, Schulsozialarbeiter darüber. Oder geh zu einer Beratungsstelle (siehe Links hinten im Buch). Ich weiß, dass das ein großer Schritt sein kann, aber keine Eltern haben das Recht, ihren Kindern absichtlich wehzutun.

„Du bist wie dein Vater!"

Dieser Satz kann zu einem bösen Schimpfwort werden. Wir kennen die Fehler unserer Eltern und ganz sicher wollen wir diese Macken nicht übernehmen. Und doch übernehmen wir Persönlichkeitsmerkmale. Und das ist ja nicht immer nur schlecht, denn wir erben ja oft auch die Stärken unserer Eltern. Ich hab von meinem Papa die Gabe, zu organisieren und gut mit Geld umzugehen, „geerbt". Genauso habe ich aber auch seine Ungeduld und sein Besserwisser-Gen übernommen. Überleg dir mal, welche Stärken und welche Macken du von deinen Eltern übernommen hast. Und dann freu dich an den Stärken und arbeite daran, dass deine Macken anderen nicht schaden.

Nach dem Auszug …

… verbessert sich die Beziehung zu unseren Eltern oft. Wir werden reifer und unsere Eltern lernen, uns unsere Freiheit zu lassen. Eine große Frage ist, wie viel Kontakt und wie viele Besuche sind wichtig und nötig!? Oft erwarten die Eltern unterschwellig Besuche und Anrufe und sind schnell beleidigt, wenn ihre Kinder diese Erwartung nicht erfüllen. Wie so oft hilft es auch hier, klar zu kommunizieren. „Nein, Mama, ich werde nicht jeden Tag anrufen", „Wie oft hättet ihr denn gerne, dass ich nach Hause komme?" oder „Ist es okay für euch, wenn ich dann zu Hause nicht mehr im Garten mithelfe oder erwartet ihr das?"

Irgendwann kann dann ein Wechsel der Rollen stattfinden. Deine Eltern werden älter und jetzt brauchst du nicht mehr ihre Hilfe, sondern sie deine. Den Computer erklären, eine Reise online buchen, helfen, den großen Baum zu fällen ... hier brauchen deine Eltern nun deine Unterstützung. Und auch wenn dir das noch sehr weit weg vorkommt; die Wahrscheinlichkeit, dass deine Eltern sterben, erhöht sich im Alter jeden Tag. Also klär die Dinge, die zwischen euch stehen, bevor es zu spät ist. **Kläre Konflikte, vergib ihnen und sag ihnen, dass du sie lieb hast.** Viele Menschen haben das nicht getan und haben heute keine Chance mehr dazu.

Du sollst Vater und Mutter ehren

So lautet das fünfte Gebot in der Bibel. Was bedeutet „ehren"? Dass wir alles gut an ihnen finden und immer brav sein müssen? Sicher nicht! Aber es bedeutet zum Beispiel deinen Eltern zuzugestehen, dass sie Fehler machen dürfen. Es bedeutet, sich bei ihnen zu entschuldigen, wenn du sie doch mal beschimpft oder verletzt hast. Und es bedeutet, deinen Eltern zu glauben, wenn sie sagen, dass sie dich lieben (außer du wirst misshandelt). Und auch deine Eltern sehnen sich danach, dass du ihnen sagst, dass du sie lieb hast. **Gott weiß, wie wichtig Familie für die Menschen ist** und deswegen schützt er sie mit diesem Gebot besonders.

FAZIT: Echte Kerle sind ihren Eltern dankbar. Sie machen ihnen klar, was sie stört und verletzt. Sie wissen, dass ihre Eltern sie lieben.

Geschwister – zwischen Liebe und Hass

„Ich weiß, dass ich sie mein ganzes Leben nicht mehr loswerde", sagt Mannfred über seine Geschwister.

Deinen Bruder oder deine Schwester konntest oder kannst du dir nicht aussuchen. Entweder sie waren schon da, als du geboren wurdest, oder sie kamen bzw. kommen auf einmal mit Mama aus dem Krankenhaus, schreien und machen die Windeln voll. Keine Chance für dich.

Gerade bei Kindern liegen Geschwisterliebe und Geschwisterhass sehr nah beieinander.

Ich habe Leuten die Frage gestellt: Was hat dich an deinen Geschwistern genervt?
⇒ „Meine Geschwister waren nicht wie ich und deshalb haben sie genervt. Total!"

⇒ „So ziemlich alles, aber besonders, dass sie beim Essen schmatzten."
⇒ „Dass mein kleiner Bruder mich überallhin verfolgt hat. Ich hatte wirklich einen Schatten. Egal, was ich gemacht habe, er wollte es auch tun."

Mannfred hat mit Mathilde und Moritz zwei Geschwister, die ihn gehörig nerven. Vermutlich kennt jeder, der Geschwister hat, die Situation, dass man sich mit ihnen gerne mal streitet. Und meiner Meinung nach gibt es in 99 Prozent der Fälle nur einen Grund dafür: NEID!

Wenn wir ganz ehrlich sind, sind unsere Geschwister oft Konkurrenten. Man misst sich mit ihnen in abstrusen Wettbewerben: Wer kann mehr Schaumküsse essen? Wer kann Mama mehr zum Lachen bringen? Wer hat die besseren Noten? Wer kennt mehr Chuck-Norris-Witze? Wer läuft schneller? Wer hat mehr Freunde bei Facebook? Wer hat wann seinen ersten Computer wo stehen gehabt? Und so weiter ...

Oft versuchen wir genau in den Bereichen zu trumpfen, die unsere Geschwister noch nicht besetzt haben. Ist meine große Schwester die ruhige Streberin, werde ich zum lustigen, lauten Draufgänger.

Der Grund dafür ist meistens ein heimlicher Kampf um die Liebe und Anerkennung unserer Eltern.

☞ Frage: Hättest du auch so viel Stress mit deinen Geschwistern, wenn du ganz genau wüsstest und spüren würdest, dass deine Eltern euch beide ganz genau gleich lieben und gut finden!?

Ich glaube, viele Eltern versuchen das. Und selbst da, wo es nicht gelingt, ist das nicht der Fehler deiner Geschwister.

Sieh die Konflikte mit deinen Geschwistern als Chance, streiten zu lernen. (siehe Tipps im Kasten S.72). Übe zum Beispiel auch, dich zu entschuldigen oder ihnen zu vergeben. Dass unsere Geschwister unser Leben lang zu uns gehören, kann eine sehr nervige Sache sein und zugleich ist es eine riesige Chance.

Ich habe drei ältere Geschwister, die ich wirklich alle toll finde. Wir sind alle ganz unterschiedlich und jeder hat seine Macken, aber wir kennen uns durch unsere gemeinsame Geschichte so gut, dass wir uns tief miteinander verbunden fühlen. Auch wenn die drei 200 bis 500 Kilometer von mir weg wohnen, merke ich gerade dann, wenn es mir schlecht geht, dass sie für mich da sind. In einer Krisenphase vor Kurzem habe ich erlebt, dass mir mein einer Bruder eine SMS schrieb, meine Schwester mir ermutigend mailte und mein anderer Bruder ein Gespräch mit mir suchte. Ich weiß, sie denken an und beten für mich. Das tut gut.

Da unsere Geschwister oft ähnliche Macken wie wir haben – bei uns Pahls zum Beispiel ein leichtes Besserwisser-Gen – können wir von ihnen viel über uns lernen.

Vielleicht hast du ein distanziertes Verhältnis zu deinen Geschwistern, dann will ich dich ermutigen, in die Beziehung zu investieren. Sei mutig und mache den ersten Schritt auf sie zu. Lade sie ein, besuche sie, wenn ihr noch unter einem Dach wohnt, unternimm etwas mit ihnen, entschuldige dich, redet über eure Kindheitserlebnisse, ... Ich verspreche dir, es lohnt sich!

FAZIT: Versuch deine Geschwister als Chance und nicht als Last zu sehen.

Diesmal gibt es keinen „echte-Kerle"-Tipp, da man auch als Einzelkind ein echter Kerl sein kann. Allerdings sind für Einzelkinder gute Freunde noch wichtiger, da sie gewisse „soziale Kompetenzen" nicht natürlich lernen.

FREUNDE, DAS SCHÖNSTE, WAS ES GIBT AUF DER WELT

„Ein Freund bleibt immer Freund, und wenn die ganze Welt zusammenfällt. Drum sei doch nicht betrübt, wenn dein Schatz dich nicht mehr liebt. Ein

Freund, ein guter Freund, das ist das Schönste, was es gibt", so lautet der Text eines alten Liedes.

Ich denke, es ist klar, dass wir Freunde brauchen. **Aber gerade Jungs tun sich mit dem Thema Freunde oft etwas schwer.**

Ich zum Beispiel habe bei Facebook über 400 Freunde. Und dabei nehme ich schon nur Leute an, die ich mal persönlich getroffen habe. Dennoch bin ich ab und an einsam und immer wieder auf der Suche nach richtig guten Freunden. „Wer glaubt, dass jeder Facebook-Kontakt ein Freund ist, der weiß nicht, was Freundschaft bedeutet", das sagte Mark Zuckerberg mal, der Erfinder von Facebook. Ich kenne sehr viele Menschen und dennoch gehört nur eine kleine Gruppe zu meinen engen Freunden.

Die von mir befragten Jungs sagten über ihren besten Freund unter anderem:

⇒ „Wir teilen viele Interessen, wir haben gemeinsam Herausforderungen durchgestanden."

⇒ „Ich kann mit ihm über alles reden, er versteht mich, gibt mir ehrliche Ratschläge."

⇒ „Er hält absolut dicht, er ist loyal, er wäre da, wenn ich ihn brauche."

Wenn ich mir meine guten Freunde anschaue, dann verbinden uns besonders zwei Dinge:

1. Wir haben zusammen schwierige Zeiten durchgestanden und / oder sehr viel Zeit miteinander verbracht und
2. einer von uns hat sich immer wieder aufgerafft, ist initiativ geworden und hat Zeit investiert.

WIE WIRD MAN EIN GUTER FREUND?

Wer auf der Suche nach guten Freunden ist, der sollte zuerst bei sich selbst anfangen.

11 von mir zusammengefasste Tipps, wie man selbst zum guten Freund wird

1. Sei dir selbst ein guter Freund. Wer sich selbst nicht mag, hat es schwerer, andere zu mögen.
2. Rede nicht nur über die neuen Briefmarken in deiner Sammlung, sondern auch über das, was dich ärgert, wo du Mist gebaut hast und was dich glücklich macht.
3. Gerade in Männerfreundschaften fühlt es sich oft so an, als ob man in Konkurrenz treten müsste. Ich bin sportlicher, reicher, größer, erfolgreicher, ... Versuche mit deinen Freunden auf Augenhöhe zu bleiben und proll nicht rum.
4. Lerne zuzuhören. Auch wenn das angeblich keine männliche Eigenschaft ist.
5. „Großzügigkeit ist das Wesen der Freundschaft", sagt Oscar Wilde. Sei großzügig, aber sei ehrlich, wenn du den Eindruck hast, ausgenutzt zu werden.
6. Sei bereit dich zu entschuldigen und deinen Freunden neue Chancen zu geben.
7. Sei offen für Kritik und Anregungen. Ich bin ein sehr kritischer Mensch, aber ich mag es gar nicht, Kritik zu bekommen. Dabei sollte man gerade Kritik von Freunden echt ernst

nehmen. Die von anderen kann man oft vergessen.
8. Achtung vor Zweckfreundschaften: „Der kann mir 'nen Job verschaffen", „Den will ich bekehren" oder „Der hat eine große DVD-Sammlung" sind keine Gründe für echte Freundschaften, die halten werden.
9. Steh zu deinen Freunden, auch wenn es dir Nachteile bringt.
10. Lacht zusammen! Wenn die Humorebene nicht stimmt, dann kannst du es vergessen.
11. Nimm dir Zeit! Die meisten meiner Freundschaften sind an diesem Punkt gescheitert. Wer nicht investiert, verliert!

Und hier noch 11 Tipps, wie man seine Freunde möglichst bald wieder loswird

1. Spam sie bei Facebook mit Spieleanfragen, „Trink-das-aus"-Messages und Kettennachrichten („Wenn du diese Nachricht nicht an 10 Freunde schickst, wird in China ein Sack Reis umfallen und eine Schule erschlagen") zu.
2. Such dir schnell eine Freundin und verbringe nur noch Zeit mit ihr.
3. Zieh eine Fresse und sei möglichst schlecht drauf: das zieht Freunde total an!
4. Leih dir Geld bei ihnen und gib es ihnen gar nicht oder in 1-Cent-Stücken zurück.
5. Mach Witze über ihre Penisgröße, ihre Mutter oder ihre Kleidung.

6. Komm immer mindestens 30 Minuten zu spät und lass einige Termine spontan platzen.
7. Auf keinen Fall solltest du sie loben, einladen oder dankbar sein.
8. Von wegen Lästern macht einsam! Mit anderen über Freunde lästern, das bringt einem doch viele neue Freunde. Die sich dann auch total sicher sind, dass man niemals über sie lästern würde, oder!?
9. Es ist gut, seine Freunde regelmäßig zu belehren. Erkläre ihnen dauernd (sonst checken sie es ja nie), wie ungesund ihr Fleischkonsum ist und dass sie aufgrund ihrer Glaubenszweifel in die Hölle kommen.
10. Versuche sie davon zu überzeugen, dass man als Freunde alles teilen muss: Seine besten Kumpels, sein Auto, seine Playstation und natürlich seine Freundin.
11. Veröffentliche eure Sauna-Nacktfotos auf Facebook und poste private Geheimnisse am besten in Foren im Internet. So etwas erhält wahre Freundschaften.

Ex-Freunde

Mannfred hat eine für ihn bittere Erfahrung gemacht, die viele sicher kennen: Eine Freundschaft ist zerbrochen oder einfach „ausgelaufen". Meiner Beobachtung nach passiert das besonders häufig in Umbruchsituationen: Zum Beispiel nach einem

Schulwechsel, einem Umzug oder wenn sich in der Pubertät neue Cliquen bilden.

Ich habe das schon oft erlebt und bis heute habe ich bei einigen Leuten ein schlechtes Gewissen. Ich hätte mich mehr melden müssen oder ich frage mich, ob sie etwas an mir gestört hat. Das werde ich wohl erst herausfinden, wenn ich mich traue, sie zu fragen. Dass sich Freundschaften verändern, gehört zum Leben dazu. Und dennoch kann man wieder Schritte auf Leute zugehen. Ich habe mich vor ein paar Wochen mit einem meiner besten Schulfreunde getroffen. Wir hatten viele Jahre keinen Kontakt und auch wenn wir jetzt vermutlich keine besten Freunde werden, hat es doch total gutgetan, mit ihm zu reden und über alte Zeiten zu lachen.

Freundschaft zwischen Jungs und Mädels: Geht das?

Spannende Frage! Denk mal kurz darüber nach, bevor du weiterliest.

Ich würde diese Frage mit einem klaren JEIN beantworten.

JA: Man kann in Freundschaften zu Mädels echt viel über Frauen lernen. Außerdem ist die weibliche Sicht auf Probleme oft eine andere. Schon des Öfteren haben mir meine guten Freundinnen in den letzten Jahren geholfen, meine Frau zu verstehen.

NEIN: In sehr, sehr vielen guten Jungs-Mädels-Freundschaften hat zumindest einer der beiden schon mal Gefühle für den andern gehabt. Spätestens wenn einer der beiden in einer Partnerschaft ist, muss das geklärt werden. Und es gibt auch „emotionales Fremdgehen". Wenn die beste Freundin mehr über meine Gefühlswelt weiß oder ich mehr Zeit mit ihr verbringe als mit meiner Partnerin ... dann kann das ganz schnell schwierig werden.

Ich finde Freundschaften zu Mädchen wichtig, aber sie ersetzen keine Männerfreundschaften. Zusammen ehrlich über Frauen nachdenken, nebeneinander in den Wald pinkeln, offen über Sex reden oder einfach zusammen schweigen, das mache ich einfach lieber mit Männerkumpels.

FAZIT: Echte Kerle wissen, dass sie gute Freunde brauchen und dass man in Freundschaften investieren muss.

Andere Probleme: Die Schule

Ich komme in einem Buch für Jungs nicht so ganz an diesem unbequemen Thema vorbei. Ich treffe sehr wenige Jungs, die die Schule wirklich mögen. Dabei glaube ich, dass das nicht nur das Problem von uns

Jungs ist, sondern auch das des Schulsystems (dazu mehr im Exkurs). Ruhig sitzen, brav sein, nur durch Sprache frontal beschallt werden, kaum Freiheiten, dauernder Leistungsdruck, größtenteils weibliche Lehrkräfte (zumindest im Grundschulbereich), ... das alles widerspricht den Wünschen vieler Jungs.

Ich selbst hatte meine Schulkrise besonders im Gymnasium. Schlechte Noten und mein eigener Leistungsdruck haben mir das Leben richtig schwer gemacht. Und doch ist die Schule echt wichtig. Damals bin ich nach der zehnten Klasse abgegangen. Ich bereue das nicht, weil man auch ohne Abitur gut durchs Leben kommen kann. Aber einige Fortbildungen, die ich gerne machen würde, kann ich heute nicht machen, weil ich früher keinen Bock mehr auf Schule hatte.

Du kannst deine Lust auf Schule beeinflussen. Denn auch in der Schule gibt es positive Dinge. Nimm sie mehr in den Blick! Freu dich zum Beispiel auf die Pausen, deine Freunde, deinen Lieblingslehrer, dein Lieblingsfach, den Weg nach Hause, das Pausenbrot, die Lieblings-AG. Such dir ein Unterstützerteam aus Eltern, Geschwistern, Freunden, Jugendleitern, die dich motivieren und dich immer wieder an die guten Aspekte von Schule erinnern. Ich verspreche dir: Die Schulzeit geht vorbei und viele Leute, die heute arbeiten, wünschen sich zurück in die Schule.

Um ein weiteres Problem, das die Schule oft dominiert, geht es in der nächsten Story von Mannfred: Mobbing.

FAZIT: Echte Kerle sehen die Schule nicht nur
als Last, sondern auch als Chance.

KAPITEL 4
KÖRPERCHECK UND WIE VIEL BIN ICH EIGENTLICH WERT?

Wer hat eigentlich Aufstehen erfunden? Und wenn Herr Wecker das piepsende Ding erfunden hat, hoffe ich, dass er heute in der Wecker-Hölle brät. Aufstehen ist scheiße. Meine Mutter ist gut gelaunt, schon ein guter Grund, es nicht zu sein. Es ist einer dieser normalen Schultage, auf die ich nicht besonders viel Bock habe. Aber gut, stell ich mich eben der Herausforderung Schule. Als ich die Jürgen Klinsmann Realschule betrete, haut mir Calle ordentlich auf den Rücken und ruft laut: „Moin Manni, alles fit im Schritt?" und grinst dabei wie ein Erdhörnchen auf Drogen. Ich bin noch zu müde, um nachzudenken, und schlurfe weiter den Flur entlang. Wieso riecht es eigentlich in allen Schulen gleich? Haben die nur ein Putzmittel für alle Schulen? Ich quäle mich die Treppe hoch. Da ruft hinter mir einer: „Ey, voll billig." Häh was? Vor unserem Klassenraum bleibe ich stehen, um Kevin mit unserem Ritual „High Five" zu begrüßen. Dabei kommt es darauf an, so feste zu schlagen, dass es wehtut. Ein Mädel aus der 8a ruft mir zu: „So viel wärst du mir aber nicht wert!" Ich schaue Kevin an und er murmelt nur: „Mädchen." Wir betreten den Klassenraum. Domino ruft: „Ey, voll günstig, ich brauch eh einen Sklave." Irgendwie sind heute alle komisch. Ich sehe Frauke, die heute nicht im Bus war, und sofort ist meine schlechte Laune vergessen. „Guten Morgen", sage ich natürlich cool und distanziert. Mandy, ein Mädchen, das wohl mit jedem in unserer Klasse knutschen würde, kommt auf mich zu und sagt: „Na, du bist ja ein heißer Preis." Was genau ist eigentlich euer Problem?

Unser Relilehrer, Herr Fromm, betritt den Raum. Er ist eigentlich ganz cool, nur ist er halt Religionslehrer. Calle, mein Erzfeind, der aber leider ziemlich schlau ist, meldet sich: „Herr Fromm: Wie viel ist ein Mensch eigentlich so wert?" Herr Fromm, der gerne philosophiert, ist sichtlich erfreut. „Jaaa, das kann man ja so nicht sagen. Der Wert eines Menschen ..." Calle unterbricht ihn: „Ich finde, Mannfred ist zum Beispiel 99 Cent wert." Der ganze hintere Teil der Klasse lacht. Herr Fromm ist sichtlich irritiert und rückt seine Brille zurecht, (was er ungefähr eine Million Mal die Stunde macht). „Nein, nein Karl-Wilhelm, man kann das nicht einfach so festlegen und selbst wenn, wären 99 Cent viel zu wenig." Calle unterbricht ihn schon wieder: „Doch Herr Fromm, sehen Sie nur." Er steht auf, kommt auf mich zu und zeigt auf meinen Rücken: „99 Cent Sonderangebot." Fast alle lachen. Herr Fromm ist sichtlich sauer: „Setz dich sofort hin, Karl-Wilhelm, wir reden nach der Stunde." Er kommt zu mir und reißt mir das Schild vom Rücken. „Unverschämtheit. So ein netter Junge wie Mannfred ist doch in Gold nicht zu bezahlen." Die Aussage von Herrn Fromm gefällt mir, die ganze Aktion ist zum Kotzen. Frauke hat auch gelacht. In der Pause kommt Timotheus zu mir: „Hey, das war eine scheiß Aktion, vergiss Calle." Kevin stößt zu uns: „Hey, ich hab mir Racheaktionen überlegt. Was haltet ihr von folgenden Schildern: MEINE UNTERHOSE HAT BREMSSPUREN oder MEINE MUTTER KANN MAN MIETEN oder MÄNGELEXMEPLAR ZU VERSCHENKEN." Ich muss grinsen. Kevin ist echt kreativ. Freunde sind klasse. Doof fühl ich mich immer noch.

Abends steh ich mal wieder vorm Spiegel. Dabei denke ich

über alles nach: Was bin ich eigentlich wert und wer legt den Preis fest? Im Fernsehen haben sie letztens erzählt, dass Nierenspender in Osteuropa 1000 Euro bekommen. Nicht schlecht. Und in der Gala hat Kevin neulich gelesen, dass Jennifer Lopez ihren Po für eine halbe Millionen Dollar versichert hat. Bei meinem Arsch wird da wohl nichts zu holen sein. Aber immerhin könnte ich seit ein paar Monaten noch etwas Geld als Samenspender machen. Ob man seine Pickel auch verkaufen kann? Das wäre klasse. Oder mein letzter Babyspeck gäbe sicher gutes Frittierfett ab. Ich pose vorm Spiegel und spanne meine Muskeln an. Mein Körper hat sich im letzten Jahr verändert. Irgendwie sind meine Schultern breiter geworden. Und dann sprießen da überall diese Haare; sogar auf meiner Brust habe ich das erste entdeckt. Ziemlich stolz bin ich auf meine Schambehaarung. Und da unten ist die kleine Gurke mittlerweile auch ohne Lupe zu finden. Das gefällt mir. Aber zurück zum Thema Haare. Vor einigen Wochen habe ich dem Flaum in meinem Gesicht den Kampf angesagt. Meine Waffen: Rasierer und Rasierschaum. Lässig und mit breitbeinigem Gang (glaube, das ist männlich) lief ich durch den Drogeriemarkt auf – der Suche nach meinem ersten Rasurset. Ich träumte von Mach Drei, Gillette oder Wilkinson. Ein schwarzer, verchromter, tiefergelegter, ultrascharfer, mein Gesicht verschönernder und gut in der Hand liegender Rasierer. Dieser Rasierer würde mich zum Mann machen.

Raus ging ich aus der Drogerie mit dem Super-Spar-Set. Wisst ihr, wie sauteuer diese Rasierer aus der Werbung sind? Schweinerei! Im Super-Spar-Set waren ein knallgelber Einmalrasierer, eine kleine Dose Schaum und sogar eine Probepackung Aftershave war dabei. (Als ich das Kevin erzählte, fragte er erstaunt: „Wie, da gibt's extra was, um den Po zu rasieren?"). Nun stand ich also mit dem Spar-Set vorm Spiegel. Mann, war ich vielleicht sauer auf diese bescheuerte Schule. Dort lernt man zwar, was eine Quadratwurzel ist, aber keiner bringt einem bei, wie man sich rasiert. Papa ist Trockenrasierer und ich glaube, er hat eh nicht so viel Bartwuchs. Zum Glück hat mich das Internet ja nicht nur aufgeklärt, sondern mir auch bei dieser wichtigen Lebensfrage geholfen. Nachdem ich den Schaum im gesamten Gesicht verteilt hatte (ah, brennt der in den Augen), setzte ich zum ersten Zug an. Das fühlte sich guuut an. Fünf Minuten und drei blutende Wunden später wusch ich mir den letzten Schaum vom Gesicht. Das sah zwar immer noch nicht aus wie das vom Gillette-Mann in der Werbung, aber der Flaum war weg. Dreitagebart, du kannst kommen! Nun zum Abschluss noch das Aftershave. Ich schüttete ordentlich was auf meine Hände und klatschte es mir ins Gesicht. Was ich nicht wusste: Ein Tritt in meine Eier tut nicht weniger weh. AAAAHHHH! Grrrrr! Neiiiiin! Auaaaaa! Ich schrie und sprang wie vom Stier in den Po gespießt durchs Badezimmer. Mein Gesicht fühlte sich an, als ob es in einer Friteuse liegen würde. Mein kleiner Bruder Moritz klopfte an die Badezimmertür: „Alles in Ordnung, Mannfred?" Mit Tränen in den Augen presste ich ein „Ja, ich hab mir nur etwas verbrannt" durch meine Lippen. Was für ein Schmerz! Nach ein paar Minuten ließ er zum Glück nach. Aber ich bin mir jetzt nicht mehr sicher, was schlimmer ist: jeden Tag rasieren oder fünf Tage im Monat Bauchweh haben und bluten!?

Noch immer stehe ich vor meinem Spiegel und betrachte meinen Körper. Ein paar Sachen mag ich echt gerne: meinen Rücken, meine Haare, meine Augen. Aber andere Körperteile würde ich gerne eintauschen: meinen Bauch, meine Nase, meine O-Beine. Wie soll das jemals eine Frau hübsch finden?

Chuck-Norris-Witz: Wie viele Liegestütze schafft Chuck Norris? (Auflösung am Ende des Kapitels)

REALISTISCHER KÖRPERCHECK

Ich stehe am Zeitungskiosk vor der „Men's Health". Neben dem durchtrainierten, braun gebrannten und ganzkörperrasierten Mann auf dem Cover stehen Schlagzeilen wie „Zum Sixpack in six Wochen", „Muskelaufbau mit Eiweißshakes" oder „Die besten Intimrasierer für Männer". Auch wenn ich genau weiß, dass das Sixpack nicht den perfekten Mann ausmacht, so beeinflussen mich doch die Bilder, die ich in den Medien sehe. Und auch das, was ich in den Sportumkleiden an Bäuchen, Achselhaaren und Penisgrößen sehe, beeinflusst mich. Und das ist auch erst mal normal. Wir brauchen andere Menschen, um uns zu orientieren.

Dennoch kann ich vieles an meinem Körper nicht ändern. Meine Größe, mein Körperbau, mein Hauttyp, meine großen Ohren, ... das sind Sachen, die gehören zu mir und dazu muss ich laut „JA" sagen. Gegen Übergewicht, eine komische Haarfarbe oder schiefe Zähne kann ich hingegen, wenn ich das möchte, versuchen etwas zu unternehmen.

Mir fällt dieses „Jasagen" bis heute noch schwer. Wie wäre es mit einer albernen, aber vielleicht doch sinnvollen Übung? Stell dich nackt vor den Spiegel und übe das Jasagen. „Ich sage Ja zu meinen Sommersprossen, die gehören zu mir." – „Ich sage ja zu meinen großen Ohren, denn die gehören zu mir." – „Ich sage ja zu meiner Größe, denn so bin ich." – „Ich sage ja zu meinem Penis, er ist gut, wie er ist."

Versuch's mal ... aber schau besser, dass niemand zuschaut. ☺

FAZIT: Echte Kerle akzeptieren ihren Körper und überlegen realistisch, woran sie arbeiten können.

Waschen, Putzen, Sprühen

„Dreck unter den Fingernägeln", „Schweißgeruch", „ungeschnittene Fußnägel", „Mundgeruch", „gelbe und braune Flecken auf Unterhosen", „Käsefüße" und „fettige Haare".

Das ist eine Aufzählung von Eigenschaften, die Frauen an Männern total abstoßend finden. Vielleicht denkst du eher: „Männer müssen stinken" oder „Ist es nicht gerade ein Merkmal von Männlichkeit, wild und dreckig zu sein?" Bruce Willis hat in „Stirb langsam" schließlich auch keine Zeit zu duschen und **der Krieger Aragon in „Herr der Ringe" ist nicht dafür bekannt, dass er täglich seine Unterhose wechselt**.

Und ganz ehrlich finde ich, dass beim Thema Sauberkeit heute oft etwas übertrieben wird. Noch vor 100 Jahren gab es einmal in der Woche den Badetag und man hatte nicht den Schrank voller Unterhosen und Hemden. Ohne Waschmaschine überlegte man es sich dreimal, ob das Hemd nicht noch einen Tag länger getragen werden konnte. Die heutige Industrie (Wasser, Strom, Hygieneartikel) verdient am Sauberkeitswahn ordentlich mit und versucht uns zu vermitteln, was wir alles brauchen, um noch reiner zu werden. Und wenn dann kleine Jungs nicht mehr Fußball oder im Dreck spielen dürfen, damit ihr Boss-Hemd und ihre Levis-Jeans nicht dreckig werden, dann ist da irgendwo was schiefgelaufen. Auch wenn Jungs morgens eine halbe Stunde im Bad brauchen, um sich jeden Tag aufs Neue die Augenbrauen zu zupfen, diverse Cremes aufzutragen und aus ihrer Frisur ein Kunstwerk zu machen, frag ich mich, ob die danach echt glücklicher sind.

Dennoch fallen viele junge Männer immer noch auf der „Dreckseite" vom Pferd. Auf einer Kinderfreizeit sahen wir am letzten Tag, dass ein Junge seine Anziehsachen im Koffer sehr ordentlich zusammengelegt hatte. Als wir ihn dafür loben wollten, kam heraus, dass der Koffer die ganze Woche gar nicht benutzt worden war und alle Unterhosen noch unbenutzt an ihrer Stelle lagen. Zwar hatten wir die Jungs zum Duschen antreten lassen, aber ob sie neue Unterwäsche anzogen, das hatten wir nicht kontrolliert.

Hier ein paar Basics, die dir vielleicht albern vorkommen, aber ich hätte mir solche Tipps als Jugendlicher gewünscht:

Duschen und Deo
Wenn wir als Kinder schwitzen, dann entstehen fast keine Geruchsstoffe. Das ändert sich aber mit dem Einstieg in die Pubertät. Unser Schweiß ist eigent-

lich auch ein sexueller Lockstoff, der unseren ganz eigenen Geruch verstärkt. Deswegen riecht frischer Schweiß auch gar nicht so schlimm. Stinken tut er dann, wenn er auf der Haut oder auf dem Shirt trocknet und dann wieder warm wird. Tägliches Waschen, das Duschen nach dem Sport und frische Shirts sind schon mal ein guter Stinkkiller. Die bei Jungs beliebte Deodusche hilft zwar kurzfristig, beseitigt aber keinen Dreck. Welches Deo zu dir passt, musst du ausprobieren. Ob du ein Spray oder einen Roller verwendest und ob du lieber einen männlich herben oder einen neutralen Geruch aufträgst, ist allein deine Entscheidung. **Du musst dich gut riechen können.**

Zähneputzen und Mundgeruch

Jungs auf Freizeiten zum Zähneputzen zu bewegen ist immer wieder ein Kampf. Dabei ersparen gut geputzte Zähne so viele schmerzhafte Stunden beim Zahnarzt und auch dieses fiese Bohrergeräusch. Saubere Zähne sehen zudem nicht nur besser aus, sie lassen uns auch besser aus dem Mund riechen. Spätestens wenn du über deinen ersten Kuss nachdenkst, sollte dafür alles sauber sein.

Also zweimal am Tag Zähne putzen und mindestens einmal im Jahr zum Zahnarzt gehen. Das muss einfach sein. Ja ich weiß, das macht keinen Spaß. Aber überleg dir ein Belohnungssystem. Nach dem Zahnarztbesuch könntest du dir eine Fußballzeitung kaufen, einen Döner oder du gönnst dir eine Kinokarte.

Intimpflege

Unser Penis ist ja angeblich unser bestes Stück. Dann sollten wir ihn aber auch gut pflegen. Unter der Vorhaut ist ein sehr beliebter Platz für Ablagerungen und Bakterien. Hier kann sich auch schnell mal etwas entzünden, deswegen täglich einmal mit warmem Wasser und etwas Seife/Duschgel waschen. Zu häufiges Waschen ist aber auch nicht gut.

Fingernägel

Diese kann man abknabbern. Muss man aber gar nicht. Denn 1. schmecken die gar nicht, 2. sehen sie dann ungepflegt aus und 3. reißen sie so schneller ein und entzünden sich. Nagelschere und Nagelfeile sind keine „Mädchensachen". Frauen achten auf unsere gepflegten Nägel mehr, als wir denken und uns lieb ist. ☺ Ach ja und vielleicht hast du schon mal bemerkt, dass du auch an den Füßen Nägel hast. Da die noch schwerer abzuknabbern sind, empfiehlt es sich, auch hier mit der Nagelschere zu arbeiten. ☺

Haut

Mannfred hat Pickel. Kevin hat immer trockene Haut. Timotheus glänzt immer wie eine Speckschwarte. Menschen haben verschiedene Hauttypen. Man muss zu seiner Haut stehen. Ich habe zum Beispiel sehr helle Haut und jede Menge Sommersprossen. Ich werde nie braun gebrannt werden, sondern eher „rot verbrannt" (Sogar bei meiner Hochzeit hatte ich Sonnenbrand, was man auf allen Hochzeitfotos sieht). In der Pubertät bekam meine zarte helle Haut fette rote Pickel, die mindestens das halbe Gesicht ausfüllten und ich dachte, ich sterbe daran. Wenn ich mir heute Fotos von damals anschaue, dann kann ich zwar nur kleine rote Punkte entdecken, aber damals empfand ich mein Gesicht als einzigen Pickel und ich war mir sicher, dass alle Mädchen mitzählten, wie viele ich heute wieder hatte. Gegen Pickel gibt es ein paar wirksame Produkte, die man ruhig mal ausprobieren kann. Wobei du nicht der Werbung, sondern deiner Erfahrung glauben solltest. Wenn es nach vier Wochen nichts gebracht hat, hau das Zeug weg. Und bei Akne bitte nicht an den Pickeln rumdrücken.

Auch bei fettiger und sehr trockener Haut können Cremes helfen. Frag einfach mal in der Drogerie nach, aber lass dir keine sauteuren „For-Men"-Sachen aufquatschen.

Und nicht vergessen: **Deine Haut gehört zu dir.** Akzeptiere sie und lerne über dich selbst zu lachen.

Haare

Genau wie bei der Haut gibt es auch bei den Haaren verschiedene Typen. Einige sind zum Beispiel schon nach einem Tag total verfettet, andere neigen dazu wild abzustehen. Dass es dazugehört, sich regelmäßig die Haare zu waschen, ist ja klar. Dann musst du für dich deinen Look finden. Mit Gel, Wachs und Spray kann man abgefahrene Frisuren machen. Dir muss es gefallen. Klar können Eltern und Kumpels Ratgeber sein, aber steh zu deinem Look. Und wenn du keine Lust mehr auf den alten Look hast, dann erfinde einen neuen.

FAZIT: Echte Kerle achten auf ihre Körperpflege, ohne einen Kult daraus zu machen.

Der männliche Körper – eine Biostunde und mehr

Ich fand meistens, dass Bio ein recht spannendes Fach ist. Besonders beeindruckt hat mich, wie genial und komplex der menschliche Körper ist, wodurch es mir schwerfiel, unserer Biolehrerin zu glauben, dass das alles aus einem zufälligen urigen Knall entstanden sein soll. Auch bei dem Thema des männlichen Genitals und der Fortpflanzung war ich erstaunlich aufmerksam. Hier nun ein paar Punkte, die mir meine Biolehrerin so nicht erzählt hat.

Die Pubertät

Die Pubertät ist keine Krankheit, sondern eine ganz normale Lebensphase, die bei Mädels zwischen 10 und 14 Jahren und bei Jungs zwischen 11 und 15 Jahren anfängt. Rein biologisch produziert unser Körper auf einmal mehr Hormone. Dadurch verändert er sich. Bei Frauen wachsen die Brüste, ihre Hüften werden breiter, sie bekommen das erste Mal „ihre Tage" und können damit Kinder bekommen. Bei Männern entwickeln sich mehr Muskeln, die Schweißproduktion erhöht sich und aus dem größer werdenden Penis kommt irgendwann der erste Samenerguss, mit dem man(n) nun Kinder zeugen kann. Außerdem steigt das ganz normale Interesse am anderen Geschlecht. Sexuelle Gefühle entwickeln sich. Oft sind Jugendliche mit diesen ganzen Entwicklungen überfordert und mögen sich selbst nicht mehr. Dadurch wird man leichter genervt. Außerdem wächst der Freiheitsdrang, dem die Eltern dummerweise im Weg stehen. Es ist wichtig zu wissen, dass nicht nur das Eintrittsalter in die Pubertät sehr stark variieren kann, sondern auch wie schnell oder stark Haare oder Muskeln wachsen. Das ist bei jedem anders. **Deswegen ist dauerndes Vergleichen in dieser Phase besonders ungesund.**

Muskeln und Körperbau

Mannfred hat das schon sehr richtig beobachtet: in der Pubertät verändert sich unser Körper.

Bei vielen wird das Kreuz breiter und man schießt auf einmal in die Höhe. Teilweise wachsen einige Körperteile (z.B. die Nase) schneller als andere, deswegen kann man zwischendurch auch mal etwas komisch aussehen. Das verwächst sich aber meistens wieder.

Auch hier gibt es wieder sehr verschiedene Typen. Bis heute beneide ich Freunde von mir, die keinen Sport machen und trotzdem ein breites Kreuz und dicke Armmuskeln haben, für die ich jede Woche im Kanuverein hart trainieren muss. Andere Jungs bleiben auch nach der Pubertät eher zart und schmal. Ich glaube, dass jeder Typ gebraucht wird. Beim Rudern braucht man zum Beispiel vier Männer mit Muskeln, die rudern, und einen ganz leichten Mann, der steuert und den Takt vorgibt.

Dennoch ist es letztendlich deine Entscheidung, was du mit deinem Körper machst. **Denn Muskeln**

kann man nicht bei Aldi kaufen, Fettpolster dagegen schon eher. An unserem Körperbau können wir zwar nichts ändern, aber ob die paar Muskeln, die wir haben, trainiert sind oder ob wir nur auf unserem Schließmuskel sitzen, das liegt in unserer Hand. Sport ist übrigens nicht nur für den Körper gut, sondern dabei werden auch Glückshormone ausgeschüttet. Nach dem Sport fühle ich mich fast immer ausgeglichener.

Die Genitalien

Was erfreulicherweise in der Pubertät auch wächst, sind der Penis und die Hoden. Hier eine etwas vereinfachte Zeichnung, die uns noch mal zeigt, was wir da unten so alles haben:

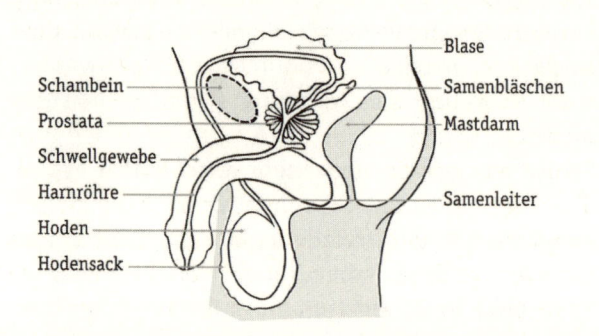

Schambein — Blase
Prostata — Samenbläschen
Schwellgewebe — Mastdarm
Harnröhre
Hoden — Samenleiter
Hodensack

Übrigens hab ich beim Recherchieren selbst auch noch mal einiges gelernt. Die Hoden produzieren die Samenzellen und das Hormon Testosteron. Der Samenleiter bringt den Samen zur Prostata. Dort wird er kurz vor einem Samenerguss noch mit Prostatasekret (das macht die milchige Farbe) und dem

Bläschendrüsensekret vermischt. Die Prostata steuert sowohl den Ausfluss von Urin als auch von Sperma. Wobei nie beides gleichzeitig durchfließt. Die Harnröhre bringt sowohl Urin als auch Sperma zur Spitze der Eichel. Der Penis selbst ist ein Schwellkörper, der keine trainierbaren Muskeln enthält. (Eine Vergrößerung durch Hantelnheben ist also nicht möglich). Vergleichbar mit einem Fahrradschlauch füllt er sich prall mit Blut, wenn wir eine Erektion haben. Wie beim voll aufgepumpten Radreifen wird der Penis dann ganz hart (nur kann er zum Glück nicht platzen, auch wenn es sich vielleicht so anfühlt).

Der vordere Teil des Penis, die Eichel, ist sehr empfindlich und wird deswegen von der Vorhaut geschützt. Bei Jungs, die beschnitten sind, fehlt diese Vorhaut. Dadurch entstehen aber keine wirklichen Nach- oder Vorteile.

Die Form und die Größe des Penis können sehr variieren. Einige Männer haben einen gebogenen Penis, bei anderen steht er bei einer Erektion nach oben oder ganz gerade. Alles ist erlaubt. Meistens hängt der Penis ja nur schlapp herum. Auch hier kann die Größe sehr stark schwanken. Zum Beispiel ist er bei Kälte oder wenn er lange keine Erektion mehr hatte, kleiner. Dann gibt es Penisse, die sind unerigiert sehr klein, werden aber bei einer Erektion sehr groß. Checken wir mal ein paar allgemeine Aussagen über unser bestes Stück:

⇒ Nur mit einem großen Penis kann man Kinder zeugen. FALSCH

- ⇒ Nur mit einem großen Penis kann man eine Frau befriedigen. FALSCH
- ⇒ Frauen ist die Penisgröße wichtig. Eher FALSCH
- ⇒ In Pornos haben die Männer fast immer überdurchschnittlich große Penisse. RICHTIG

Wir Männer machen uns viel mehr Gedanken über die Größe unseres Willies als Frauen. Es gibt beim Sex viel wichtigere Faktoren als die Größe des Penis. Zu große Exemplare können Frauen sogar Angst machen. Ein durchschnittlicher Penis ist bei einem ausgewachsenen Mann im erregten Zustand 13-15 cm lang. Vielleicht ist deiner etwas größer oder etwas kleiner. Wichtig ist, dass du ihn akzeptierst und ihn besonders nicht mit dem von Pornodarstellern vergleichst. Freu dich daran, wenn er ganz weich und schlaff dähängt und freu dich daran, wenn er stark und prall ist. **Er gehört zu dir. Penistransplantation gibt's nicht!**

Bartwuchs/Haarwuchs

Mannfred hat seine erste Rasur überlebt. Ich finde bis heute, dass Rasieren ein schönes Ritual ist, bei dem man sich seiner Männlichkeit bewusst sein kann. Allerdings gibt es auch Männer, die fast keinen Bartwuchs und auch sonst nur wenig Körperbehaarung haben. Diese sind kein bisschen unmännlich, sondern das hängt allein mit den Hormonen zusammen.

Dass man sich im Gesicht irgendwann rasiert, ist

ja klar. Nicht so klar ist, was man mit den anderen haarigen Körperstellen so macht. Ich persönlich bin kein Fan davon, seinen Körper von allen Haaren zu befreien. Seitdem ich mit meiner Frau verheiratet bin, reden wir darüber, welche Haare sie bei mir schön findet und welche nicht. Da es mir ziemlich egal ist, passe ich mich in diesem Bereich an. Übrigens: Neben „Urwald" und „Babypopo" gibt es ja auch noch die „gestutzte" Form. Aber Achtung besonders bei Rasur/Beschnitt im Intimbereich: sehr vorsichtig rangehen. Das kann böse Verletzungen geben.

Zum Thema Haarwuchs würde ich mir übrigens echt wünschen, dass wir Männer mit unseren guten Freunden offener darüber reden.

Die Stimme

Auch zur Pubertät dazu gehört bei Jungs der Stimmbruch. Aus einer schönen, etwas piepsigen Kinderstimme entwickelt sich eine tiefere Männerstimme. Das geht allerdings nicht von heute auf morgen. Zwischendurch wird deine Stimme lustig klingen und dein Gesang wird Ohrenschmerzen auslösen. Nimm's mit Humor und überleg dir schon mal einen guten Spruch dazu wie: „Lieber Stimmbruch als Armbruch", oder „Ich werde halt ein echter Mann, da gehört das dazu."

Männerkrankheiten

Männer und der Arzt: Das ist ein ganz besonderes Kapitel. Viele Männer würden sich wie Chuck Norris die Kugel lieber mit dem Mund raussaugen und die Wunde selbst zutackern, als zum Arzt zu gehen. Männer sind ja immer stark und gesund.

So ein Quatsch. Diese Einstellung, die ich durchaus kenne, hat schon so manchem Mann den Tod gebracht.

Typische Männerkrankheiten:

⇒ Ausschlag/Schmerzen im Genitalbereich: Leichte rote Punkte, die nicht wehtun, sind am Penis nichts Ungewöhnliches. Stärkerer Ausschlag, regelmäßiges Jucken oder dauernder Ausfluss aus dem Penis oder Schmerzen beim Pipimachen können Anzeichen für Krankheiten sein. Hierfür gibt es extra Ärzte, sogenannte Urologen, die sich da besonders gut auskennen. Macht vielleicht keinen Spaß dahin zu gehen, aber wer sein bestes Stück pflegen will ... sollte sich kümmern.

⇒ Vorhautverengung: Bei einigen Jungs kann man die Vorhaut, die normalerweise die Eichel bedeckt, nicht zurückschieben. Man spricht von einer Vorhautverengung. Spätestens in der Pubertät wird das problematisch, da sich Bakterien und Schmutz unter der Vorhaut sammeln können. Lösen kann man das Ganze durch eine sogenannte Beschneidung. Das ist ein kleiner Eingriff, den ein Arzt vornimmt. In einigen Kulturen wird das schon bei Babys gemacht. Natürlich behagt uns die Vorstellung, dass an unserem besten Stück rumgeschnitten wird, nicht wirklich, aber es hilft Schlimmeres zu verhindern.

⇒ Hodenkrebs: Hodenkrebs ist zwar keine sehr häufige Krankheit, aber sie betrifft hauptsächlich Männer zwischen 20 und 40 Jahren. Meistens ist sie gut behandelbar. Die Deutsche Krebsgesellschaft rät: „Untersuchen Sie alle sechs Monate jeden Hoden auf Schwellungen, leichte Vergrößerung oder Änderung der Festigkeit. Wenn Sie etwas Ungewöhnliches feststellen, suchen Sie sofort Ihren Arzt auf."

FAZIT: Echte Kerle wissen über ihren Körper Bescheid, mögen ihren Penis und trauen sich zum Arzt zu gehen.

WAS ZIEH ICH AN, WAS ZIEH ICH AN?

„Chuck Norris wählt sich keine Anziehsachen aus dem Schrank aus. Die Klamotten streiten sich darum, wer ihn ankleiden darf."

So leicht wie Chuck haben wir es da leider nicht. Ich hatte als Kind lange Zeit selbst genähte Stoffhosen an. Weißt du, wie uncool selbst genähte Stoffhosen mit Streifenmuster waren!? Ich habe es überlebt und habe dann irgendwann riesige Hip-Hopper-Hosen getragen. Sah aus heutiger Sicht auch nicht viel besser aus, aber es war mein Style. Früher war immer meine Mama mit mir einkaufen. Das war auch sehr nett von ihr, aber irgendwann brauchen wir bessere Berater. Such dir Kumpels oder gute Freundinnen, die dich beraten, ohne dich zu manipulieren. Du musst dich in deiner Kleidung wohlfühlen. Was allerdings nicht heißt, dass du immer in Jogginghosen rumlaufen solltest. Es gibt Situationen, in denen ein Hemd und saubere Schuhe einfach ein Zeichen des Respekts vor anderen sind. Zum Beispiel bei der Feier von Oma oder bei einem Vorstellungsgespräch. Und noch ein Hinweis beim Kleiderkauf: Sei dir bewusst, dass billige Klamotten nur so günstig sind, weil bei Personalkosten oder Umweltstandards (z.B. werden Chemikalien nicht entsorgt, sondern in die Natur geschüttet) gespart wurde. Das heißt, andere Menschen leiden dafür. Ich versuche beim Kauf zum Beispiel auf „Made in Europe" oder „Öko-Standards" zu achten. Das kostet mehr, aber auch das bedeutet Verantwortung zu übernehmen.

Und noch mal: Sei du selbst!

FAZIT: Echte Kerle fühlen sich wohl in ihrer Kleidung und wissen, wann es gilt, „schicker" zu sein.

Nach den vielen praktischen Tipps und Fragestellungen, kommen wir nun zu Mannfreds Frage nach dem Wert des Menschen:

Du bist wertvoll

„Du bist wertvoll." Was hilft dir dieser Satz, wenn du ihn hier von mir liest!?

Was hilft dir der Satz, wenn dir alle anderen das Gefühl geben, dass du Dreck bist? Was hilft dir der

Satz, wenn du in den Augen des Mädels, in das du verliebt bist, nicht wertvoll bist? Was hilft dir dieser Satz, wenn du das selbst gerade gar nicht glauben kannst?

Ich weiß, in dir gibt es vermutlich viele Zweifel an dieser Aussage, aber dennoch ist sie eine der wichtigsten Aussagen, die ich dir mitgeben möchte: DU BIST WERTVOLL!

Ein paar Fragen:
- Ist das Leben eines behinderten Menschen, der keiner geregelten Arbeit nachgehen kann, weniger wert?
- Ist das Leben eines Osama Bin Laden so wenig wert, dass man sich freuen darf, wenn er erschossen wird?
- Ist ein hässliches Mädchen mit kleinen Brüsten weniger wert als ein heißer Feger?
- Ist ein Hartz-IV-Empfänger weniger wert, als die Bundeskanzlerin?
- Ist ein Topmanager so viel wert, dass er das 300-fache von mir verdienen sollte?
- Ist ein alter Mensch, der nicht mehr alleine essen kann, weniger wert als ein fitter 18-Jähriger?
- Ist ein Mann ohne Arme und ohne Beine weniger wert als ein körperlich intakter Mensch?

Was bestimmt den Wert eines Menschen? Sein Aussehen? Seine Leistungsfähigkeit? Sein Titel? Seine guten Taten? Menschen haben kein Preisschild und das ist sehr gut so.

Mich beeindruckt die Geschichte von Nick. Nick wurde ohne Arme und ohne Beine geboren. Heute würde so ein Baby vermutlich abgetrieben. Aber vor 30 Jahren, als Nick geboren wurde, da haben die Ärzte das den Eltern einfach verschwiegen. Die Eltern waren geschockt über ihren kleinen Krüppel. Doch irgendwann beschlossen sie, ihn zu lieben und wie ein ganz normales Kind zu behandeln. Sie haben gesagt: Nick, du bist genauso wertvoll wie andere Kinder. Nick wurde von seiner Familie akzeptiert, nicht aber von seinen Mitschülern. Die konnten in ihm keinen Wert entdecken. Nick beschloss, seinem trostlosen Leben ein Ende zu setzen und sich in der Badewanne zu ertränken. Aber er schaffte es nicht. Gott sei Dank. Denn nach und nach erkannte er, wie wertvoll sein Leben ist. Er erkannte, wie wertvoll und schön Gott ihn gemacht hat. Heute reist Nick als Motivationstrainer und Prediger durch die ganze Welt. Er hat schon vor Millionen von Menschen gesprochen und so vielen Menschen Hoffnung gegeben. (Wenn du Lust hast, gib einfach mal bei YouTube Nick Vuijic ein).

Für Nick war es eine wichtige Wahrheit zu erkennen, dass es jemanden gibt, der seinem Leben einen Wert gegeben hat. Und das ist Gott. Egal welche Mängel wir haben oder denken, dass wir sie haben: **Gott gibt allen das Prädikat „wertvoll und liebenswert".**

Ich gebe zu, dass es für mich bis heute eine der schwierigsten Herausforderungen ist, meinen Wert nicht nur von der Anerkennung anderer Menschen und vom Erfolg zu beziehen. Was wäre, wenn sich meine Frau von mir trennen würde, mich alle Kids auf der Arbeit doof fänden, ich alle meine Zähne verlieren würde und keiner mehr meine Bücher kaufen würde? Wäre ich dann weniger wert? Nein! Unser Leben ist wertvoll, weil wir Gottes Idee sind. Kein Experiment aus dem Gen-Labor, sondern ein geniales Wesen, vom Herrscher des Universums ausgedacht. Warum auch immer zu seinem Plan Pickel, O-Beine und krumme Nasen gehören, wirst du ihn irgendwann mal fragen können, aber sie gehören dazu!

Du hast einen Wert und den kann dir keiner nehmen. Ich werde wütend, wenn die Kids in unseren Projekten immer das gleiche Kind hänseln und es abwerten. Was würde das in dieser Welt verändern, wenn wir endlich kapierten, dass wir alle gleich viel wert sind. Denn Achtung: Du bist wertvoll, aber nicht wertvoller als andere.

FAZIT: Echte Kerle wissen, dass sie wertvoll sind, egal was die andern sagen.

P.S.: Die Antwort auf den Witz von S. 91 lautet „Alle".

KAPITEL 5
GOTT – ÜBER JESUS UND CHUCK NORRIS

Timotheus. Bestimmt hast du dich schon gefragt, warum mein Kumpel Timotheus so einen komischen Namen hat, oder? Timotheus ist so ein Typ aus der Bibel, der sogar ein paar Kapitel des dicken Buchs selbst geschrieben hat. Komisch, denn mein Kumpel Timotheus ist ziemlich schlecht in Deutsch. Sein Vater ist Pfarrer – wird also fürs Christsein bezahlt. Timotheus betont immer wieder, dass er Christ ist. Ich glaube, er betet sogar und liest freiwillig in der Bibel. Er scheint sich mit seinem Glauben ziemlich sicher zu sein. Ich bin mir das nicht.

Ich stelle mir vor, was ich machen würde, wenn ich Gott wäre. Erst mal würde ich allen Eltern das Streiten verbieten. Dann würde ich Essen und Wasser besser verteilen und alle Waffen in Schokolade verwandeln. Außerdem würde ich machen, dass alle hübschen Mädchen mich lieben. Es gäbe Freibier für alle und alle kämen in den Himmel, außer Calle und den Terroristen und den Nazis und den Mädchen, die Jungsherzen verletzen, und allen Bayern-Fans. Die 10 Gebote würde ich so lassen, die scheinen recht sinnvoll zu sein.

Als ich Kevin von meinen Plänen erzähle, meint er, dass ich ein ziemlich schlechter und egoistischer Gott wäre. Ist wohl nicht so leicht, ein guter Gott zu sein.

Letztens war ich mal wieder – meiner Mutter zuliebe – mit im Gottesdienst. Damit sank der Altersdurchschnitt in der Kirche um gefühlte 100 Jahre. Früher war ich öfters mit, besonders im Kindergottesdienst. Aber da die Kindergottesdienstleiterin Almut jedes Jahr das gleiche Programm anbot, hatte ich irgendwann genug von den Geschichten und davon, Jesus-Boote aus Papier zu basteln. Da bei fast allen Jesusgeschichten Boote eine sehr wichtige Rolle zu spielen scheinen, haben wir sehr oft Boote gebastelt. Alternativ haben wir Hüte gebastelt, um damit Römer oder Pharisäer zu spielen. Leider unterscheidet sich das Basteln von Booten und das von Hüten nur durch eine andere Faltung. Laaaangweilig! Als ich einmal Maschinengewehre und Totenkopfflaggen auf das Schiff gemalt habe, hat Tante Almut mir die Hand auf den Kopf gelegt und „Weiche Geist der Gewalt" gemurmelt. Ich mag Almut, aber falls ich es noch nicht erwähnt haben sollte: laaangweilig! Und genau das war auch das Gefühl, das ich hatte, als ich vor ein paar Wochen mit Mama im Gottesdienst war. Ich habe immer verpasst, wann man aufzustehen hatte. Beim Glaubensbekenntnis habe ich engagiert die Lippen bewegt, alle anderen schienen das auswendig zu kennen. Der Pfarrer tat mir etwas leid, als er versuchte, mit einem Stein seine Predigt über das Steinigen anschaulich zu machen. War jetzt nicht so mein Thema.

Am Samstag werde ich bei Timotheus übernachten: Timo meinte, dass wir dann allerdings am Sonntag zu seinem Dad in den Gottesdienst gehen müssen. Na ja, mein Kumpel hat einen Beamer mit Xbox, dafür ertrage ich auch einen Gottesdienst.

Es ist Samstagabend und wir sitzen bei Timotheus zu Hause. Er wohnt in bester Wohnlaage (haha) direkt in der Stadt (haha) neben der Kirche. Seine zwei Schwestern, seine Eltern und wir sitzen um den großen Tisch. Es gibt Abendessen. Der Vater, typisch Pfarrer, erhebt sich und sagt: „Liebe Mitbrüder und Mitschwestern, lasset uns die Häupter neigen und dem Herrn danken." Oh Mann, Timotheus tut mir so leid.

Alle senken den Kopf, wobei Timotheus ein fettes Grinsen auf dem Gesicht hat. Es ist ein paar Sekunden still, bis der Vater betet: „Gott – ich danke dir besessen für dieses gute Fressen." Und dann rufen alle laut „AMEN" und lachen los. Ich gucke verdutzt und etwas verspätet lache auch ich. Das ist ja wohl mal das coolste Tischgebet, das ich kenne. Auf einmal greifen sich alle an den Händen und rufen: „Piep piep piep, wir ham uns alle lieb. Jeder esse, was er kann, nur nicht seinen Nebenmann. Hat er ihn dann doch gegessen, Zähneputzen nicht vergessen. Piep piep piep, wir ham uns alle lieb." Was für eine komische Family, aber lustig. Beim Essen wird locker erzählt. Der Vater fragt mich, wie es meiner Mutter geht, die er von irgendeinem Kirchentreffen kennt. „Sie kann nicht klagen", sage ich und Timo und ich prusten laut los.

Timos Papa lacht auch und fragt: „Ach, du bist also auch ein Fan von Laage-Witzen?"

Ich bejahe. „Na dann biete ich euch beiden eine Wette an. Was bekomme ich, wenn ich fünf Laage-Witze in meine Predigt einbaue und jedesmal deutlich die Wörter falsch betone?"

Das meint der echt ernst. Das wird die erste Predigt, bei der ich komplett zuhöre. Wir einigen uns darauf, dass wir den Gemeindebus aussaugen, wenn er das echt macht. Der weitere Abend verläuft unspektakulär. Ich gewinne meistens bei den Xboxspielen und Timo und ich haben wie immer viel Spaß. Um elf Uhr schickt uns seine Mum ins Bett, wo wir natürlich nicht daran denken zu schlafen. Nachdem wir noch etwas Karten gezockt haben, liegen wir auf unseren Matratzen. „Timo, bist du noch wach?" – „Jo", murmelt Timo. „Weißt du, was ich nicht checke? Wenn es diesen Gott gibt und er einen so lieb hat, wieso gibt's dann so viel Scheiß auf der Welt? Ich meine jetzt nicht Pickel und Mathe, sondern Terror,

Hunger, Tsunamis, Scheidung, Amokläufe, ... Warum? Das frag ich mich echt." Timo schweigt. Und als ich schon denke, er ist eingeschlafen, fängt er an: „Ich glaube, die gleiche Frage werde ich Gott auch stellen, wenn ich ihn mal treffe." – „Na dann sind wir ja schon mal zu zweit." – „Weißt du, was mir hilft, auch wenn es mir selbst scheiße geht? Dass in der Bibel steht, dass Gott das nicht egal ist. Der hat keinen Spaß daran, uns zu quälen. Jesus, sein Sohn, hat ja selbst auf der Welt so viel Leid erlebt. Er ist verfolgt, gehasst, ausgepeitscht, verlassen und getötet worden. Ein bisschen hilft mir diese Vorstellung, wenn ich mit Jesus rede. Der weiß, wie sich das anfühlt."

Darüber habe ich noch nie nachgedacht. Stimmt schon, Gott hat seinem Sohn echt einen Scheißjob gegeben, als Gott auf die Welt zu kommen und dann fertiggemacht zu werden. „Wieso musste Jesus eigentlich so leiden?" Doch anstatt einer Antwort höre ich nur ein tiefes Ein- und Ausatmen von Timos Seite. Was für eine alte Schlafmütze und ein echt guter Freund!

Am nächsten Morgen sitzen wir – etwas müde – im Gottesdienst. Ich kann mir nach wie vor nicht vorstellen, dass Timos Papa so etwas bringt. Dann der erste Schock: Die Orgel bleibt heute still, stattdessen spielt eine – sehr hübsche – junge Frau Gitarre und ein Typ mit Bart klopft auf einem Kasten rum, der etwas nach Schlagzeug klingt. Der Text der Lieder ist so, dass ich ihn verstehe, und ein Lied ist sogar auf Englisch. Das hab ich allerdings nicht verstanden. Echt fetzig! Ob Almut das auch gefallen würde? Die hübsche Frau singt die Lieder voller Begeisterung und scheint das wirklich so zu meinen, wenn sie singt „Herr, du allein gibst mir Freude, die von innen kommt". Timotheus singt freudig mit, auch wenn seine Stimmbruch-Stimme furchtbar klingt.

Dann geht die Predigt los. Timo flüstert mir zu: „Oh nein, am Anfang erzählt Papa immer einen Witz!"

„In unserer Predigt geht es heute um Petrus, einen der Jünger Jesu. Diesem Petrus wird auch nachgesagt, dass er heute der Türsteher Gottes im Himmel sein soll. Kommen also ein Pfarrer und ein Busfahrer an die Himmelstür. Der Pfarrer will direkt durchgehen, wird aber von Petrus aufgehalten. Der Busfahrer wird von Petrus sofort durchgewunken. Da regt sich der Pfarrer auf: ‚Was soll das denn, wieso wird der Busfahrer direkt durchgelassen?' Da sagt Petrus: ‚Wenn du gepredigt hast, sind die Leute eingeschlafen. Wenn der Busfahrer gefahren ist, dann haben die Leute nur noch gebetet.' Timo schüttelt den Kopf. „Haha ..."

„Dieser Petrus, das war schon so ein Kerl. Ein gelernter Fischer, dessen Leben ganz gemütlich verlaufen wäre, wenn da nicht dieser Jesus vorbeigekommen wäre. Ein Prediger hat mal gesagt, dass Petrus der ‚Benjamin Blümchen' der Jünger gewesen sei. Wenn es irgendwas zu tun gab, war Petrus der Erste, der ‚Törööh' rief und munter drauflos werkelte. Petrus sagte immer, was er dachte. Er war vielleicht sogar etwas kindlich einfach gestrickt. Aber dadurch erlebte er besondere Dinge, zum Beispiel ging er ein paar Meter übers Wasser. Er war der Einzige, der sich getraut hatte, das Boot zu verlassen. Petrus war der, der immer laut die Jesus-F ... LAAGE schwenkte." Timo und ich grinsten uns an. Er hatte es wirklich so betont, dass das a sehr laaaang war. Nummer eins. Was für ein Typ.

„Petrus scheint eine cholerische Ader gehabt zu haben. Bei der Festnahme von Jesus war er es, der sein Schwert zog und dem Soldaten ein Ohr abschlug. Jesus mochte dieses SchLAAGEn nicht und heilte diesen Soldaten." Nummer zwei. Ich seh uns schon putzen.

„Doch dann kam der Moment der großen NiederLAAGE von Petrus." Schon wieder.

„Petrus hatte Jesus ewige Treue geschworen und Jesus hatte den – für Petrus schockierenden – Satz gesagt: „Bevor der Hahn kräht, wirst du mich dreimal verleugnet haben." Petrus konnte das nicht fassen: Er sollte seinem Freund und Herrn Jesus nicht die Treue halten, so ein Quatsch.

Doch dann passierte das Unfassbare: Jesus, der Sohn Gottes, wird festgenommen. Er, der so viel Gutes in die Welt bringen wollte, er wird in Fesseln vor Gericht gestellt. Der ach so starke Petrus flieht vor den Soldaten und doch ist er der Einzige, der sich in den Hof des Gerichts schleicht. Dort wird er allerdings erkannt und angesprochen: „Du da, gehörst du nicht auch zu den Freunden von diesem Jesus?" Und Petrus versagt. Er versagt gleich drei Mal: „Nein, ich gehöre nicht zu denen, du musst mich verwechseln." Beim dritten Mal kräht der Hahn und dann steht in der Bibel dieser Satz: „Und Petrus ging hinaus und er weinte bitterlich". Dieser gestandene, starke Mann, er, der immer einen Spruch und ein Schwert parat hatte, er verfällt in ein KLAAGEN." Nur noch einmal!

„Dieser Petrus hatte Jesus so lieb und er hatte ihn allein gelassen und verraten. Wie wir wissen, wird Jesus gekreuzigt und erscheint danach wieder den Jüngern. Doch Petrus' Versagen wird nicht noch mal angesprochen. Bis zur letzten Szene im Johannesevangelium: Da wird berichtet, dass ein Teil der Jünger wieder fischen gegangen ist. Sie sind erfolglos und Jesus begegnet ihnen und macht ihnen Mut, die Netze noch mal auszuwerfen. Sie fangen jede Menge Fisch und am Ufer begrüßt sie Jesus mit einem Feuer und gebratenem Frühstück. Das Faszinierende finde ich, dass Jesus nicht mit Vorwürfen startet. „Petrus, was hast du getan, wie konntest du nur?" Nein, er macht Frühstück. Er wusste, wie man Männern zeigt, dass man sie mag: Essen." Die Gemeinde lacht. „Und dann macht Jesus noch etwas Verrücktes: Er beruft diesen Versager Petrus zum Hirten, also Leiter der Gemeinde. Und so ist Gott: Er macht aus unserem Mist guten Dünger. Er sucht nicht die Fehlerlosen, sondern die Ehrlichen. Wir müssen nicht perfekt sein, sondern wir dürfen bei Gott versagen. Gott liebt Versager. Mit Gott sieht die LAAGE gleich ganz anders aus." Bei diesem Satz strahlt er uns beide an.

Die Predigt geht noch weiter, doch dieser Satz bleibt bei mir hängen: „Gott liebt Versager."

Dann liebt er wohl auch mich. Hm!?

Später putzen wir gemeinsam mit Timos Papa den Gemeindebus. Ein blöder Job, weil die mit dem Bus vorher am Strand waren. Sand im Teppich... suuuper. Wäre ich doch bloß Chuck Norris, denn „Chuck Norris muss nicht putzen, der Dreck flieht vor ihm". Auf einmal fragte mich Timos Papa direkt: „Und Mannfred, glaubst du das mit dem lieben Gott eigentlich?" Eine blöde Situation für mich: Wenn ich Nein sage, dann werde ich bestimmt so lange bequatscht, bis ich Ja sage, und er denkt vielleicht, er hätte seinen Job heute schlecht gemacht. Wenn ich Ja sage, dann lüge ich. Kein Problem, wenn es Gott nicht gibt. Aber wenn doch ... „Irgendwas gibt's da schon, aber wie lieb der so ist, da bin ich mir noch nicht so sicher."

DU ENTSCHEIDEST

Mir ist das Thema Gott in diesem Buch echt wichtig und ich möchte dir meinen Glauben etwas vorstellen. Aber mir ist auch sehr wichtig, dass du dir deine eigene Meinung bildest. Glaube ist ein sehr individuelles Thema, das aber bis heute bei vielen Fragen des Lebens (Sinn, Tod, Menschenbild, verschiedene Religionen, Ethik [Sterbehilfe, Abtreibung]) eine Rolle spielt. Deswegen müssen wir uns der Frage nach der Religion stellen, auch wenn wir mit dem Thema vermutlich nie ganz fertig sein werden. Ich bin es jedenfalls noch nicht. Hier gibt es nur einen einzigen „Echte Kerle"- Rat:

Echte Kerle beschäftigen sich mit dem Thema Glaube und Religion und bleiben dafür offen, dass es Gott geben könnte.

Wie ist Gott?

In dem Buch „Anna schreibt an Mister Gott. Neues von Anna über Gott und den Lauf der Welt" von Fynn schreibt die kleine Anna Briefe an Mister Gott: „Lieber Mister Gott, warum machen Dich Leute in der Kirche immer so schrecklich groß, dass man vor Dir Angst kriegt? Im Wald mit uns, da warst Du doch auch nur so groß, dass Du mit uns spazieren konntest. Und wie wir dann so viel von Dir gesprochen haben, da warst Du wieder so klein, dass Du in meinem Herz Platz hast." – „Man kann einfach nicht sagen, Du siehst so aus oder so, weil Du eben gar nicht aussiehst. Ich finde, am besten gibt man Dir kein Aussehen und sagt nur einfach Mister Gott."

Je nachdem, wen man fragt, wird man auf diese Frage sehr verschiedene Antworten bekommen. Einige werden sagen: Er ist böse und zornig. Andere werden sagen: liebevoll und mitfühlend. Einige finden ihn streng, andere glauben, dass er sehr tolerant ist. Für Anna ist Gott ganz nah, für andere ganz fern. Unsere Bilder von Gott prägen uns sehr. Wenn man zum Beispiel davon überzeugt ist, dass Gott streng und fern ist, dann wird es schwer werden, Gott anders zu erleben.

Deswegen ist es so wichtig, dass du dich selbst auf die Suche machst und herauszufinden versuchst, wie Gott ist. Auch ich entdecke noch heute neue Seiten an Gott und mein Blick auf ihn verändert sich. Vergleichbar ist das Ganze mit der Beziehung zu einem guten Freund. Auch da entdecke ich immer wieder neue Seiten. Das kann etwas Schönes sein: „Wawoh, mein Kumpel kann ja romantische Liebesgedichte schreiben." Oder es kann etwas Schwieriges sein: „Krass, mein Freund kann ja richtig wütend werden und ausrasten." Mit Gott ist das ähnlich, auch ihn kann man (immer wieder anders) kennenlernen. Leider ist das mit Gott nicht ganz so einfach wie mit einem Kumpel, weil er ja nun mal nicht sichtbar und anfassbar ist. Und trotzdem geht es (siehe Kasten).

TIPPS, WIE MAN GOTT UND SEINE EIGENSCHAFTEN ENTDECKEN KANN

1. Bibel lesen. Auch die Bibel beschreibt ganz verschiedene Aspekte von Gott.
2. Christen befragen. Sicher kennst du Christen. Stell ihnen Fragen. Was denken sie? Warum handeln sie so?

3. Das Leben von Christen anschauen. Das ist ein gefährlicher Tipp. Denn Menschen sind unvollkommen und sicher wirst du viele Christen treffen, die kein gutes Beispiel für Gott sind. Und doch kenne ich viele Christen, die anders leben. Die gelassener sind, die liebevoller und großzügiger sind, die Frieden ausstrahlen, die ihre Fehler zugeben können und die in Krisen bei Gott Halt finden.
4. Stell dich den großen Fragen nach dem Lebenssinn und dem Tod. Wie beantworten Nicht-Christen diese Fragen, welche Antworten geben Christen?
5. Suche nach einer Antwort, wie diese Welt und all ihre Schönheiten entstanden sind. Zufälliger Urknall oder gibt es doch eine intelligente Macht dahinter?
6. Bete. Auch wenn du noch nicht an Gott glaubst. Ob Gebet wirkt, merkst du erst, wenn du es ausprobierst. Mehr dazu weiter hinten im Kapitel.

Auch Christen sollten sich immer wieder hinterfragen, ob sie sich ein falsches Bild von Gott machen. Zum Beispiel von einem Gott, der immer nur möchte, dass wir Leistung bringen, oder einem Gott, der nur lieb ist und dessen Gebote gar nicht wichtig sind.
Check dein Gottesbild!

Wieso glauben Milliarden von Menschen an Gott?

Es ist sicher nicht so, dass die Masse der Menschen immer recht hat, aber mich beschäftigt es, dass so viele Menschen an irgendeine göttliche Kraft glauben und circa 2,2 Milliarden an den christlichen Gott. Wenn es Gott nicht gäbe, wären das dann alles Spinner? Oder stimmt die Theorie, dass nur schwache Menschen einen Gott brauchen?

Wenn man sich anschaut, wer so alles Christ war oder ist, stellt man erstaunt fest, dass Glaube über alle sozialen Schichten hinweg ein Thema ist. Sehr viele Manager, Politiker, Professoren und Doktoren glauben an Gott, genauso wie Millionen Menschen ohne Schulbildung. Hier ein paar der berühmtesten Christen, die auch über ihren Glauben reden: Justin Bieber, Jürgen Klopp, Angela Merkel, Barak Obama, Mel Gibson, Joey Kelly, Xavier Naidoo, der Chef von Deichmann Schuhe, Cacau und viele andere brasilianische Fußballstars, der Papst (wirklich! ☺), der Autor der Herr-der-Ringe-Geschichte, ...

Haben die Leute alle einen Schaden und führen Selbstgespräche oder haben sie etwas entdeckt, das ihrem Leben Kraft gibt!?

Hier ein paar Zitate:

Joey Kelly: „Der Glaube hat mir geholfen, jeden Tag kräftiger und stabiler in dieser wahnsinnigen Welt zu werden."

Jürgen Klopp: „Für mich ist der Glaube an Gott wie ein Fixstern, der immer da ist. Ein treuer Begleiter, der dir oft genau dann Kraft schenkt, wenn du gar nicht mehr damit rechnest."

JUSTIN BIEBER: „Ja, ich bin ein großer Anhänger von Jesus. „Ich bin ein Christ und glaube, dass Jesus gestorben ist, um auch mich zu erlösen!"

ANGELA MERKEL: „Mein Christ-Sein gibt mir Mut und Vertrauen nicht nur im privaten, sondern auch im politischen Geschäft, offen das auszusprechen, was ich denke."

XAVIER NAIDOO: „Ich bin einfach nur da, um Gott zu loben, ihn täglich zu suchen und zu finden."

BARACK OBAMA: „Jesus Christus ist mein Herr und Retter."

Noch mehr als die Promis beeindrucken mich Menschen, die wegen ihres Glaubens und Gottes Liebe zu den Menschen bereit sind, armen, kranken oder ausgegrenzten Menschen zu helfen. Vor ein paar Jahren waren meine Frau und ich in Indien. Ein paar Tage halfen wir in Einrichtungen der „Schwestern der Barmherzigkeit" mit. Das ist der Orden, den Mutter Theresa gegründet hatte, um den Ärmsten der Armen zu helfen. Diese Schwestern haben sich zu einem Leben in Armut, Keuschheit (keine Beziehung und kein Sex) und Gehorsam verpflichtet, um den Armen zu dienen. Mehrmals täglich kommen sie zum Beten zusammen und gehen danach zu Waisenkindern, Behinderten und kranken Menschen. Und wir haben ihre „Kunden" gesehen: Stinkend, verkrüppelt, schreiend, ... Beeindruckend, zu was der Glaube Menschen bringen kann.

Kann man der Bibel alles glauben?

Vor ein paar Tagen hörte ich von einem Schüler den Spruch: „Gestern konnte ich nicht einschlafen, da hab ich Bibel gelesen. Die ist so langweilig, da bin ich sofort eingeschlafen."

Die Bibel ist bis heute das meistverkaufte Buch der Welt. Und von keinem anderen Buch dieses Alters gibt es so viele Funde, so viele Schriftstücke, die belegen, dass Teile des Buches wirklich vor Tausenden von Jahren entstanden sind. **Die Aussagen und Geschichten der Bibel bewegen und beeindrucken noch heute viele Menschen.** Und auch wenn es eher langweilige Passagen gibt, so sind viele Storys voll mit Intrigen, blutigen Kämpfen, Wundern, Ehebruch, Gefängnisausbrüchen, Liebesgeschichten und vielen Lebensweisheiten. Von wegen langweilig!? Da sollte man ruhig mal reinlesen. Mittlerweile gibt es auch echt moderne Übersetzungen (Das Buch, Hoffnung für alle, Basis B) und auch sogenannte Übertragungen (Volxbibel), die den Bibeltext in unserer Sprache rüberbringen. Wenn du Bibel lesen willst, würde ich nicht unbedingt am Anfang anfangen. Ein guter Einstieg ist zum Beispiel das Lukasevangelium oder die spannende Apostelgeschichte.

Dennoch gibt es Aussagen in der Bibel, die sich widersprechen und die Wissenschaftler widerlegt haben. Was macht man damit? Glaubt man der Bibel dann gar nicht mehr?

Für mich persönlich ist die Bibel ein Buch, durch das Gott uns etwas mitteilen möchte. Dazu hat er

Menschen benutzt, die die einzelnen Bücher der Bibel niedergeschrieben haben. Und ich glaube, dass er deren Fehler genauso zum Besten benutzt, wie er meine Fehler nutzt. Das macht die Bibel für mich nicht zu einem weniger göttlichen Buch. Um die Bibel heute zu verstehen, brauche ich andere Menschen, die mit mir über die Texte diskutieren und mit denen zusammen die Bibel dann wieder lebendig wird.

JESUS UND CHUCK NORRIS

„Was ist der Unterschied zwischen Chuck Norris und Jesus? **Jesus kennt Gnade ...**"

Über Jesus sind viele dicke Bücher geschrieben worden. Und auch viele Menschen, die nicht an Gott glauben, finden Jesus gut.

Für mich persönlich ist Jesus ...

... ein starker Held, der Wunder tut und mich beschützt

Ich mag die meisten Kunstwerke nicht, in denen Jesus dargestellt wird. Oft sieht man entweder einen am Kreuz leidenden oder einen friedlichen Mann mit ganz weichen Gesichtszügen. Die biblischen Berichte erzählen aber auch von einem sehr starken, selbstbewussten Jesus. Er ist ein Anführer, dem viele Menschen folgen. Er vermehrt Brot, er läuft übers Wasser und durch Wände, treibt Dämonen aus und heilt Kranke. Das müssen Harry Potter, Bruce Willis und Superman erst mal nachmachen. Jesus ist ein Typ, bei dem sich Menschen sicher fühlen und der einen nicht alleinlässt. Und der gleichzeitig auf Statussymbole, Macht, Rechthaberei und Gewalt verzichtet.

... ein Kämpfer für die Armen und Ausgeschlossenen

Jesus war kein Politiker und er war auch kein Mensch, der einfach nur ein bisschen mehr „Soziales" auf die Welt bringen wollte. Ihm ging es zwar um die Veränderung des momentanen Zustands auf der Welt, aber er wusste auch, dass der Mensch besonders für seine seelischen Nöte Hilfe braucht. Er wusste, dass arme Menschen mit Hoffnung und Sinn besser leben können. Seine Botschaft endet nicht mit dem Tod, sie geht weit darüber hinaus und gibt deswegen gerade Menschen, die leiden, neue Hoffnung. Sein Wissen, dass im Himmel arm und reich gleich sein werden, hat er in dieser Welt mit den Armen und den Reichen durch seine Gleichbehandlung ganz praktisch gelebt. Würde Jesus heute leben, würde er vermutlich häufig bei den Aids-Kranken, Obdachlosen, sozial Schwachen, Behinderten, Süchtigen und psychisch Kranken zu finden sein. **Jesus hat ein Herz und Liebe für die Verlierer, für die ohne Stimme.** Das beeindruckt mich sehr.

... ein Vorbild

Wenn ich über ein positives Männerbild denke, dann komme ich an Jesus nicht vorbei. Er verkörpert für mich wie kein anderer Mann **Stärke und Verletzlichkeit, Liebe und Durchsetzungsvermögen, Ein-**

samkeit und Gemeinschaft. Er ist ein Kämpfer für das Gute mit einem großen Herz und einem klaren Auftrag. Ich kann da noch so viel lernen.

... einer, bei dem ich immer eine neue Chance bekomme

Ich baue Mist. Ich mache Fehler. Und ich habe eine dunkle Seite. Neben dem frommen, lustigen und gut gelaunten Christoph gibt es auch noch den egoistischen, deprimierten und mit bösen Gedanken durchsetzten Christoph. Der böse Christoph gehört zu mir, aber ich merke, dass er mir und anderen nicht guttut. Deswegen brauche ich neue Chancen. Das ist die Botschaft der Gnade, die Jesus Petrus erleben ließ: **Du darfst Fehler machen und ich vergebe dir.** Immer wieder. Das ist die Botschaft vom Kreuz. Ich habe sie dringend nötig.

... die Hoffnung, dass es weitergeht

Letztens habe ich geweint. Geweint über die Zukunft vieler Jugendlicher, mit denen wir arbeiten. Ab und an bin ich hoffnungslos, wenn ich mir all das Schlechte in der Welt anschaue. Dann helfen mir die Worte von dem, der Hoffung in diese Welt gebracht hat. Und Jesu Hoffnung geht sogar weiter. Er spricht von einer neuen Welt, die für alle Gläubigen über den Tod hinausgeht. Durch ihn kann ich darauf hoffen, dass es weitergeht. Wenn zum Beispiel Menschen sterben, die ich liebe, dann tut es gut, Jesu Worte zu hören, dass er „den Tod überwunden" hat.

... ein guter Freund, dem ich vertraue
Ohne Worte!

☞ **Wer ist Jesus für dich?**

HALLO GOTT, BIST DU ZU HAUSE?

Es gibt sehr verschiedene Wege, wie Menschen Gott erleben. Vera überwältigt ein tolles Gefühl, wenn sie christliche Lieder singt. Antje weiß, dass es Gott gibt, wenn sie einen wunderschönen Sonnenaufgang sieht. Franz entdeckt Antworten auf seine Lebensfragen in der Bibel. Kai erlebt Gott in einer christlichen Gruppe.

Ein zentrales Thema bei der Kommunikation mit Gott ist das Gebet. Beten ist reden mit Gott. Das kann man laut oder leise, mit fertigen Gebeten wie dem „Vaterunser" oder mit eigenen Worten machen. Und für viele Christen gehört auch ruhig sein und hören, ob Gott uns Gedanken oder Bibelverse vorbeischickt, zum Gebet dazu.

Hier ein paar Gebete von Mannfred. Finde den Fehler:

⇒ Gott, bitte mach, dass mein kleiner nerviger Bruder Moritz vom Erdboden verschluckt wird.

⇒ Gott, bitte schenke mir einen Ferrari, damit ich vor Frauke angeben kann. Er kann auch gebraucht sein ... zur Not.

⇒ Gott, bitte strafe du Calle für seinen Streich mit vielen Eiterpickeln.
⇒ Gott, mach, dass Frauke sich in mich verliebt. Aber schnell!
⇒ Gott, wenn du mir nicht sofort alle Pickel nimmst, dann lüge ich meine Schwester an.
⇒ Gott, ich werde für die Mathearbeit nicht lernen, du machst das schon.
⇒ Gott, du bist eine olle Pfeife!

Beten ist keine Wunschmaschine: Oben das Gebet rein und unten kommt das Gewünschte raus. Man sollte nicht vergessen, dass Gott gute Ideen für diese Welt hat. Und Gott hat immer einen weiteren Blick als wir. Deswegen wird er so manches egoistische Gebet nicht beantworten. Und wer zum Beispiel immer nur zu Hause sitzt und betet: „Gott, schenk mir eine Freundin", ohne dass er rausgeht und Mädchen kennenlernt, der muss vermutlich warten, bis die Nachbarin durch die morsche Decke kracht. ☺

Wichtig beim Gebet ist, dass es von Herzen kommt. Auch für ganz kleine Probleme kann man beten. Ich bete mittlerweile am meisten für andere Leute und dafür, dass Gottes Wille geschieht. Das Ganze geht laut, leise oder auch schriftlich. Hände falten ist möglich, aber kein Muss.

Ein kleines Beispiel: Vor Kurzem war ich als Leiter auf einer Jugendfreizeit. Am ersten Abend kam ein Teilnehmer angelaufen und rief, dass Max gestürzt sei und blute. Ich verwies ihn an die für Erste Hilfe zuständige Mitarbeiterin und spielte erst mal weiter Tischkicker (super Leiter!). Kurz danach riefen die Mitarbeiter panisch nach mir und ich hörte schweren Herzens auf zu kickern. Max war mit dem Kopf auf seine Taschenlampe gestürzt und hatte ein tiefes Loch im Kopf. Er hing blutend über der Kloschüssel und unsere Erste-Hilfe-Mitarbeiterin saß geschockt daneben. Das sind die Momente, in denen ich extrem froh bin, beten zu können. Ich schickte in Gedanken ein kurzes „Gott, hilf und greif ein" zum Himmel und begann mit der Organisation der Fahrt zur Notaufnahme. Max, der aus einer christlichen Familie kam, flüsterte ich zu, dass er durchhalten solle und dass wir für ihn beteten. Während einige Mitarbeiter mit ihm in der Notaufnahme waren, beteten wir mit der Gruppe für Max und nach 1,5 Stunden war er mit einer genähten Platzwunde wieder zurück. Max konnte den Rest der Freizeit gut mitmachen und die Ärzte in der Notaufnahme waren freundlich und sehr kompetent gewesen. Diese Geschichte zeigt die verschiedenen Dimensionen von Gebet sehr gut: Zum einen hat das Gebet mir Ruhe und Kraft gegeben in einer Situation, in der ich mich überfordert und auch etwas schuldig fühlte, weil ich die Situation erst nicht ernst genommen hatte. Dann hat es Max gutgetan zu wissen, dass wir für ihn beten. Die Gruppe hat es zusammengeschweißt und für einige nicht christliche Jugendliche war es ihre erste positive Gebetserfahrung. Und dann gibt es noch die Dimension, dass Gott Max' Wunde wirklich schneller hat heilen lassen und dass er die Ärzte begabt hat. Das glaube ich zumindest.

Beten hat was mit Glauben zu tun! Wer es nicht probiert, wird auch nix erleben.

Das Problem mit dem „Warum?"

Wenn die Freundin einen verlässt, ein Mensch stirbt oder ein Erdbeben ein halbes Land verwüstet, dann ist sie da: Die Frage nach dem „Warum?" „Warum musste das passieren?" – **„Warum lässt ein liebender Gott das zu?"** Diese Frage, die sich auch Mannfred stellt, kenne ich nur zu gut. Und ganz ehrlich: ich habe keine hundertprozentig überzeugenden Antworten. Ab und an muss auch ich sagen: „Ich weiß es nicht, aber ich hoffe, irgendwann die Antwort zu erfahren."

Und doch habe ich ein paar Gegenfragen:

☞ Warum hast du ein Recht auf ein schmerzfreies und ein gelingendes Leben?
Die Werbung verspricht es uns jeden Tag: „Kauf dieses Produkt und es geht dir gut." Ich verstehe bis heute nicht, warum mich ein Schokoriegel zutiefst glücklich machen soll. Wir leben in einer Gesellschaft, in der Schmerz, Tod oder Trauer kaum vorkommen. Es hat einem gut zu gehen, darauf hab ich doch ein Recht, oder!? Und wenn es mir nicht gut geht, dann schimpfe ich auf die andern, den Staat, die Griechen oder eben Gott. Dabei hat einem doch niemand gesagt: „Das Leben ist einfach und schmerzfrei." Auch Gott verspricht uns das nicht. Ja, Gott schützt, ja, Gott

kann Wunder tun, ja, Gott kann Geld schenken ... aber wir haben doch keinen Anspruch darauf. Gott ist kein Dienstleister, der für ein paar Euro oder ein paar Gebete alles nur für mich gut macht. Gott verspricht, dass er immer ansprechbar ist (Matthäus 28,20), dass er tröstet (Johannes 14,26) und dass er sogar für den Tod eine Lösung parat hat (1. Korinther 15,5). Aber keiner hat ein Recht auf ein perfektes Leben. Haben wir das vielleicht vergessen?

☞ Warum lassen die Menschen das zu?
Es gibt Unglücke, für die können Menschen absolut nichts. Aber es gibt viel Leid, das passiert, weil Menschen die falschen Entscheidungen treffen. Zwei Beispiele:
1. Der Hunger in Afrika. Mögliche Schuldige: Du, weil du kein Geld spendest und Essen verschwendest. Die westlichen Politiker, weil sie zu wenig Geld geben und teilweise die Länder ausbeuten. Die Wirtschaft, die die Armen ausbeutet und lieber Profit macht, anstatt fair zu bezahlen. Die Politiker vor Ort, die oft korrupt sind und nur an sich denken. Die Menschen vor Ort, die teils nicht vorgesorgt haben oder durch Kriege ihre Lage verschlimmert haben.
2. Ein Junge, der einen Amoklauf durchgeführt hat. Schuldige: Klar der Junge. Eventuell die Eltern, die sich nicht genug gekümmert haben. Eventuell die Mitschüler und Lehrer, die ihn gemobbt und ausgegrenzt haben. Die Medien, die Gewalt und Isolierung fördern. Der Staat, der zu

wenig Geld in die individuelle Betreuung und in das Thema „soziale Kompetenz" steckt. Die Waffenlobby, die das Schießen zum Sport erklärt und noch immer für einen zu leichten Zugang zu Waffen sorgt.
Klar kann man immer fragen: Gott, warum hast du nicht eingegriffen? Und doch hat Gott sich dafür entschieden, Menschen freie Entscheidungen treffen zu lassen. Wir können uns für das Gute oder für das Schlechte entscheiden. **So viel Freiheit gibt uns Gott. Mit allen Konsequenzen.**

☞ Warum ist Gott auf einmal schuld, wenn man sonst nichts von ihm wissen will?

Ich bin Mitglied im ADAC. Wenn mein Auto liegen bleibt, dann rufe ich den ADAC und die helfen mir. Solange alles gut läuft, melde ich mich beim ADAC nicht. Stell dir nun mal vor, bei einer Autopanne würde ich den ADAC-Mann anbrüllen, warum er denn mein Auto kaputt gemacht hat und warum er denn nicht immer mal nach meinem Auto schaut und immer hinter mir her ist!? Der „gelbe Engel" würde sicherlich zum „roten Drachen" werden und mich vermutlich stehen lassen. Bei Gott ist das teils genauso. Solange alles gut geht, rede ich nicht mit ihm, ist er mir egal, aber sobald ich ein Problem habe, ist er schuld. Zum Glück reagiert Gott anders, als Menschen es tun würden. Er hört sich unser Klagen geduldig an und er ist jederzeit da, auch wenn wir uns lange nicht „gemeldet" haben.

Wichtig ist: Diese Gegenfragen stelle ich nicht, wenn ein heulender, leidender Mensch vor mir steht. Dann höre ich zu, bete für ihn und vielleicht erzähle ich ihm von einem Gott, der Leid erlebt hat. Der – wie Timotheus es auch Mannfred erklärt hat –, ein guter Ansprechpartner ist, weil er weiß, wie es sich anfühlt, verlassen, gequält und sogar getötet zu werden. Mir hilft in meinem eigenen Leid der Gedanke, dass Jesus weiß, wie sich Schmerzen anfühlen. Und mir hilft auch ein Spruch aus der Bibel, der von einer Welt spricht, in der es „keinen Tod, keine Klage, keine Quälerei mehr geben wird" (Offenbarung 21,4). Allerdings träume ich davon und versuche so zu leben, dass dieser Vers auch schon für das Leben hier auf der Welt gilt. **In einer hoffnungslosen Welt gebe ich die Hoffnung auf eine bessere Welt nicht auf, weil Gott sie auch nicht aufgibt.**

JA ODER NEIN

Der Glaube an Gott hat noch viel mehr Facetten, die ich auf so wenigen Seiten nicht beschreiben kann. Es ist und bleibt deine Entscheidung, ob dir Gott egal ist oder ob du dich für den Glauben an ihn entscheidest. Aber diese Entscheidung müssen wir immer wieder fällen. Und keine Entscheidung ist ja auch irgendwie eine Entscheidung. Gottes Angebot steht!

KAPITEL 6
VOLL GEIL – DER FRUST
MIT DER LUST

Heute freue ich mich richtig auf die Schule. Auf unserem Stundenplan steht für heute nämlich „Sex und Pornos". Ich hoffe, dass ich etwas fürs Leben lerne. Wie das so geht mit dem Sex und wo man die besten Videos herbekommt ...

Natürlich haben wir in Sex- und Porno-Kunde keinen unserer Lehrer. Die kennen sich da sicher nicht so gut aus. Es kommt ein Jugendreferent in die Schule, der hat sogar ein Buch geschrieben. Den Typ schau ich mir mal genau an.

Blond ist er. Noch versucht er seinen Laptop (da sind sicher die Pornos drauf) an den Beamer anzuschließen. Jaja, die Technik. Dann fängt er an und man merkt schnell: Der findet sich wohl lustig. Los geht's mit einer Eckenumfrage. Es gibt eine JA- und eine NEIN-Ecke. 1. Frage: Kennst du jemanden, der schon mal einen Porno gesehen hat? Alle stehen bei JA. 2. Frage: Hast du selbst schon mal einen Porno gesehen? Die meisten Mädchen und ein paar Jungs gehen zu NEIN. Ich bin ehrlich und bleibe bei JA. Eigentlich hab ich mir sogar schon öfters Sachen im Internet angeschaut 3. Frage: Findest du Pornos eklig? Fast alle Mädchen gehen zu JA. Ich schau mich um, was Kevin und Timotheus machen. Timotheus geht auch zu JA. Kevin scheint unentschlossen. Schließlich gehen wir in die Mitte. Das ist nämlich so ein Ding mit den Pornos. Die sind halt schon geil, aber irgendwie auch ekelhaft, besonders wenn man rational darüber nachdenkt, was da gerade so passiert. 4. Frage: Finden Mädchen Jungs, die Pornos schauen, cool? Ich suche Frauke und schaue, was sie macht. Sie stellt sich klar zu NEIN, wie übrigens fast alle Mädels. Deprimiert gehe ich auch zu NEIN. Hätte ich mir eigentlich auch denken können, dass sie das nicht so gut findet.

Nun teilt sich die Klasse in Jungs- und Mädelsgruppen. Wir gehen mit dem Jugendreferenten in einen anderen Raum. Dann die erste Ernüchterung: Wir werden heute keine Pornos schauen. Und so langsam checke ich, dass der Typ so richtig gegen Pornos ist. Er erzählt, dass er selbst jahrelang Pornos geschaut hat und dass sie ihn kein bisschen glücklicher gemacht haben. Dann zeigt er uns doch noch ein Video. Allerdings eins, in dem ehemalige Pornodarsteller berichten, wie das so hinter den Kulissen abgeht. Eine sagte: „Keine Pornodarstellerin macht Pornografie gerne. Tatsächlich hassen wir es. Wir hassen es, von Fremden angefasst zu werden. Einige hassen es so sehr, dass man hören kann, wie sie sich in den Drehpausen übergeben." Außerdem berichtet das Video davon, dass sehr viele Darsteller drogenabhängig sind und Depressionen haben. Der Jugendreferent erzählt dann noch, dass viele Pornos von der Mafia produziert werden und die Darsteller das Ganze gar nicht freiwillig machen. Dann nimmt er mir noch die letzte Illusion und fragt: Kann man in Pornos lernen, wie Sex geht? Ich dachte das bisher schon. Nur Kevin ruft rein: „Klaro." – „Nein, Pornos, das sind Märchen. Echter Sex hat viel mehr mit Zärtlichkeit, Pannen und viel Zeit zu tun. Das alles gibt's in Pornos nicht."

Am Schluss dürfen wir auf Zetteln Fragen stellen. Ich schreibe auf meinen Zettel: „Kann man von Pornos süchtig werden?" Denn ab und an hab ich den Eindruck, dass ich ohne Pornos oder Selbstbefriedigung gar nicht leben kann. Der Typ zieht meine Frage und antwortet: „Ja, es gibt das Krankheitsbild der Sexsucht, das Ärzte behandeln müssen.

Aber gerade Jungs denken in der Pubertät sehr viel an Sex – das bedeutet noch nicht, dass man süchtig ist." Da bin ich wenigstens etwas beruhigt. Auf jeden Fall war das spannender und praktischer als Unterricht. Am Schluss bietet der Jugendreferent noch sein Buch zum Verkauf an. Ich kaufe keins, wäre mir viel zu peinlich.

Nachmittags gehe ich mit Kevin ins Schwimmbad. Wir reden nicht über die ungewöhnliche Schulstunde. Ich weiß, dass Kevin Pornos schaut. Von ihm hab ich ein paar Links bekommen und er hat angeblich auch schon Petting oder sogar mehr mit Nicole aus der 8c gehabt. Aber das ist nur so ein Gerücht. Wie immer sind wir die meiste Zeit auf der Rutsche (da kann man auch nicht ertrinken. Siehe Kapitel 1). Am meisten Spaß macht es natürlich, alle Rutschpositionen auszuprobieren, die verboten sind. Rückwärts, auf dem blanken Arsch, zu viert, mit Stauen des Wassers, ... Nach einer halben Stunde schmeißt uns der alte Bademeister Herr Wahl laut schimpfend aus dem Rutschbecken. Immer dasselbe. Wir holen unseren Ball und werfen ihn im Nichtschwimmerbecken hin und her. Neben uns schwimmt ein Pärchen, vielleicht so 18 Jahre alt. Zuerst beachte ich sie kaum. Dann fangen die beiden auf einmal an wild zu knutschen. Ich schaue irritiert weg und versuche mich auf den Ball zu konzentrieren. Aber ich muss immer wieder rüberschauen. Bumm. „Aua." Ich habe zu dem Pärchen geschaut und Kevin hat mir den Ball an die Rübe geworfen. Ah! Schmerzen! Das schlimmere Problem ist allerdings, dass der Ball von meinem Kopf abgeprallt und auf die Wiese vorm Becken geflogen ist. An sich ja kein Problem: Ich muss einfach aus dem Wasser gehen und ihn holen. Nur kann ich auf gar keinen Fall aus dem Wasser gehen. Auf gar keinen Fall jetzt. Denn das Geknutsche der beiden neben mir hat etwas ausgelöst. Und auch wenn man bei mir eher vom Ständerchen als vom Ständer reden kann, so ist er doch in meiner recht engen Badehose nicht zu übersehen. „Mann Pappnase, hol den Ball", ruft Kevin schon genervt. An was soll ich denken? Ich versuche an etwas Unerotisches zu denken: Ein nackter dicker Mann oder unsere Mathelehrerin. Oder an etwas Ekliges: Kotze oder Spinatsuppe. Aber das alles hilft auf die Schnelle nicht. „Mach schon, du Spanner", schreit Kevin. Nun schaut auch das Paar zu mir herüber. Oh nein. Ich schwimme zum Beckenrand, drücke mich hoch und lass mich direkt auf den Bauch fallen. Aua! Unter den fragenden Blicken von Kevin und dem Paar robbe ich auf dem Bauch zum Ball, schnappe ihn mir und robbe genauso wieder zurück. Ich habe einen hochroten Kopf und rufe irgendwas von „Neue indianische Anschleich-Taktik", bevor ich kopfüber ins Wasser zurückrolle. Mann, ist das peinlich. Das Paar verkrümelt sich zum Glück und wir spielen weiter Ball. Als wir später auf der Wiese liegen, fragt Kevin: „Sag mal, hattest du vorhin eine Erektion oder was?" Ich werde schon wieder knallrot ... und nicke. Kevin grinst: „Mach dir nix draus, das ist doch gut und zeigt, dass bei dir alles in Ordnung ist." Ich atme auf. Wir hängen noch eine ganze Zeit im Schwimmbad ab, ärgern ein paar Mädchen, essen Pommes und machen einen Ballweitwurf-Wettbewerb. Bevor wir gehen, duschen wir noch in der Männerdusche. Kevin duscht nackt und wie meistens beim Duschen schaue ich mir heimlich seinen Körper an und vergleiche ihn mit meinem. Diesmal habe ich einen Gedanken, der echt unheimlich ist: Ich finde Kevin irgendwie attraktiv. Er hat einen gut trainierten Körper und auch sonst ist er ja ein dufter Typ. Ich erschrecke selbst über den Gedanken. Bin ich etwa schwul? Aber ich bin doch in Frauke verliebt und finde Brüste echt gut. Ich versuche den Gedanken zu verdrängen.

Abends beim Essen fragt Mama natürlich nach dem Vortrag in der Schule, über den alle Eltern vorher informiert worden waren. Und das führte zu einem großartigen Dialog:
„Und, habt ihr was gelernt?"
„Mhh, jo ..."
„War es spannend?"
„Jo ... ging ..."
„Und wie war der Referent so?"
„Jung."
„Was hat er denn so erzählt?"
„Über das Thema halt."
(Mama immer genervter) „Willst du mir was dazu erzählen?"
„Nein."
(beleidigt) „Na gut, kein Problem."
Ich will mit meiner Mama nicht über Sex reden. Wenn, dann eher mit Papa, obwohl der sicher nicht so viel Ahnung hat!? Obwohl er ja immerhin drei Kinder „gemacht" hat. Ich kann mir immer noch nicht vorstellen, dass Mama und Papa .... Brrr, kein schöner Gedanke.
Abends beschließe ich, keine Pornos zu schauen. Gerade wenn Frauke das doof findet, sollte ich mir das echt abgewöhnen. Ach ja Frauke, ich denke oft an sie. Ich stelle mir vor, wie wir knutschen und kuscheln. Das langt schon für Bewegung in der Hose. Aber ich stell mir nie Sex mit ihr vor. Irgendwie ist sie mir zu wertvoll, um sie als „Wixvorlage" zu benutzen. Der Typ heute meinte, dass dafür eigentlich jedes Mädchen zu wertvoll ist. Hm!? Ich masturbiere ab und zu vorm Einschlafen. Oh Mann, da fällt mir ein, was mir vor ein paar Monaten passiert ist. Die Geschichte ist mir eigentlich zu peinlich zum Schreiben. Okay, ich schreibe es, aber niemandem weitersagen. Versprochen?

Ich hatte sturmfrei. Meine Eltern waren im Theater, Moritz schlief bei seinem Kumpel und Mathilde war mit ihrer besten Freundin Natascha unterwegs. Natascha ist übrigens echt ein heißer Feger ... Ich hatte einen Scheißtag gehabt. Calle hatte mir mal wieder einen Streich gespielt. Timo und Kevin hatten keine Zeit gehabt und ich hatte den Nachmittag mit Fernsehen und Computerspielen verbracht, was mir natürlich noch eine „Was-soll-denn-aus-dir-werden?"- Diskussion mit meiner Mama einbrachte. Ich hatte also Frust und war gelangweilt. Jetzt wollte ich mir noch etwas gönnen. Nach dem Zähneputzen lief ich nackt durchs Haus und drehte meine Stereoanlage laut auf. Gerade lief „Sexbomb" im Radio und ich stellte mich nackt tanzend vor unserem Flurspiegel und poste. Irgendwie kam mir dann die Idee, aus meiner kleinen Nudel eine größere Nudel zu machen. Also spielte ich an mir rum und tanzte dabei weiter „Sexbomb"-singend vorm Spiegel. Allein das ist mir jetzt schon peinlich. Aber bei mir kommt es ja meistens noch schlimmer. Durch die laute Musik hörte ich nicht, wie sich hinter mir die Haustür öffnete. Mein Untergang! Ich weiß nicht, was ich schlimmer gefunden hätte: Mama und Papa oder Mathilde!? Aber es kam noch schlimmer. Ich tanzte noch immer im Flur, als ich hinter mir ein Räuspern hörte. Blitzartig drehte ich mich um. Was die Situation nicht gerade besser machte. Es war ... Natascha, die mit offenem Mund im Flur stand. „Ähm, wir haben Mathildes Schirm vergessen, weißt du, wo der ist?" Ich glaube, mein Gesicht wechselte sekündlich zwischen kreidebleich und tomatenrot. Ich war so geschockt, dass ich mich nicht mehr bewegen konnte. Höflich wie ich bin, murmelte ich „im Ständer" und zeigte neben die Tür. Wobei sowohl Natascha als auch ich intuitiv auf mein Geschlechtsteil schauten. Heute kann ich darüber lachen. Damals wollte ich wirklich auf der Stelle sterben.

Am nächsten Morgen beim Frühstück setzte sich Mathilde grinsend neben mich. Natascha und sie hatten wahrscheinlich Bauchkrämpfe vor Lachen gehabt. Mathilde fing an „Sexbomb, Sexbomb" zu singen. Mein Tag war damit gelaufen und ich schaute sie so bedrohlich an, wie ich konnte. Aber meine Schwester setzte noch einen drauf: „Wie gut, dass du Natascha den …", sie stockte und genoss jedes Wort, das sie sagte, „… Ständer gezeigt hast. Also den Schirmständer." Dann flüsterte sie mir ins Ohr: „Keine Angst, das bleibt unser Geheimnis. Aber vielleicht kannst du ja an meinem Geburtstag als Stripper auftreten." Blöde Kuh, dachte ich bei mir, aber immerhin würde es nicht der gesamte Freundeskreis erfahren. Seitdem bin ich nie wieder auch nur mit freiem Oberkörper durch den Flur gelaufen. Man weiß ja nie.

Erfahrungsgemäß gibt es Leser, die die anderen Kapitel überspringen und bei diesem Kapitel oder dem danach anfangen. Euch sei zu empfehlen, lest die anderen Kapitel, denn auch wenn ihr es kaum glaubt: Es gibt Wichtigeres im Leben als Sex. Wirklich!

Aber gerade Jungs empfinden sich in der Pubertät oft so, als ob sie „dicke Eier" hätten und sie das Thema Sex nicht aus ihrem Kopf bekommen. Deshalb geht's in Kapitel sechs wieder mal um Sex.

Was Frust und Lust miteinander zu tun haben!

Lustig war ich auch schon als Kind. Sexuelle Lust entwickelte sich allerdings erst so mit 11 oder 12 Jahren.

Wie in Kapitel vier erklärt, verändert sich unser Körper in der Pubertät und das männliche Hormon Testosteron führt zu einem stärkeren Verlangen nach sexueller Befriedigung. Das alles ist erst mal super. Die Natur will, dass wir Menschen erhalten bleiben, und deswegen haben wir einen Sexualtrieb. Und noch mal: der ist gut und ganz normal. Bei einigen ist er stärker ausgeprägt und bei anderen weniger stark.

Nun unterscheidet sich der Mensch von Tieren durch eine höhere Intelligenz. Auch wenn man das bei einigen Exemplaren kaum merkt. Wir können unsere Sexualität steuern und müssen uns nicht wie ein Dackel an jedem Hosenbein oder Baum reiben. **Enthaltung ist sogar eine wichtige Übung zum Lustgewinn.**

Die Sexualwissenschaftler sind in den letzten Jahren zu einer anderen Erklärung gekommen, was hinter unserem „Trieb" steckt. Nehmen wir an, wir wären ein Auto (das Modell kannst du dir aussuchen). Unser Herz ist der Motor, der natürlich einen gut gefüllten Tank braucht. Wissenschaftler haben herausgefunden, was dieser Motor braucht, um gut und zufrieden laufen zu können. Der perfekte Sprit ist zum Beispiel: **tiefe Liebe, Anerkennung, Frieden, Geborgenheit, Sicherheit.** Nun ist unser Auto unterwegs auf der Suche nach diesen „Kraftstoffen". Gerade in der Pubertät, wenn wir uns von unserer Tankstelle „Eltern" ablösen und so vieles umgebaut wird, suchen wir neuen Kraftstoff. In dieser Phase probieren wir „Ersatz-Kraftstoffe" aus. Zum Beispiel glauben wir, dass unser Motor mit Alkohol besser läuft oder mit den neusten Apple-Produkten. Aber unser Herz ist nicht doof und zeigt schnell, dass das unseren Liebestank nicht füllen kann. Selbstbefriedigung, Pornos und sexuelle Kontakte ohne feste Beziehung sehen für uns aus wie guter Kraftstoff. Aber meistens schaden sie unserem Motor und lassen den Tank leerer zurück als vorher. **Aus der Lust wird Frust.** Da wir aber oft nicht wissen, wie wir an den guten Kraftstoff rankommen, nutzen wir weiter den Billigkraftstoff. Das bedeutet, dass hinter unserem Wunsch nach Sex oft der Wunsch nach Liebe, Geborgenheit, Frieden, Anerkennung und Sicherheit steckt. Das heißt, wenn wir gute Tankstellen in unserer Umgebung haben, werden wir weniger Lust auf den Billigkraftstoff haben. Ich selbst habe erlebt, dass ich zum Beispiel in der positiven Gemeinschaft einer Jugendfreizeit oder in einer Zeit ohne Probleme in der Schule viel weniger sexuelle Lust gehabt habe.

Hier ein paar Tipps für gute Tankstellen:

⇒ FREUNDE: In Kapitel drei hast du ja schon einiges gelesen. Freunde können so richtig guttun. Eine Gemeinschaft, in der ich akzeptiert werde, ist Gold wert.

⇒ SPORTVEREIN oder MUSIKGRUPPE: Hier kannst du deine Gaben einbringen, kannst lernen mit Frust umzugehen und bekommst Anerkennung. Das Gute beim Sport ist auch noch, dass du Energie verbrauchst und dir das so guttut, dass sexuelle Gedanken nicht mehr so wichtig sind. Ich kenne sogar Leute, die Sport machen, wenn sie merken, dass sie zu viel an Sex denken.

- GOTT: Er kommt auch hier wieder vor. Viele Menschen erleben Gebete, Gottesdienste, Bibellesen oder christliche Gruppen als Möglichkeit, ein Gefühl des Geliebt-Werdens, Geborgen-Seins, Sich-sicher-Fühlens oder tiefen Friedens zu empfinden. Bei solchen Gelegenheiten tanken sie auf.
- FAMILIE: Auch wenn sie ab und an nervt, die Liebe und Sicherheit einer Familie kann so guttun.
- ENGAGEMENT FÜR ANDERE: In Kapitel neun geht's da auch noch mal drum. Glücksforscher bestätigen: Wer andere glücklich macht, der wird zufriedener leben. Ich kenne das aus der Jugendarbeit: Das herzliche Lachen eines Kindes oder die Zufriedenheit eines Jugendlichen, wenn er etwas erreicht hat, tun einem wirklich gut und sind so manchen Stress wert.
- VERRÜCKTE DINGE: Ich bin zu ängstlich und zu unspontan, um öfters verrückte Dinge zu machen. Aber es tut gut, mal auszubrechen. Tanz mal ein paar Stunden verrückt in einem Club, renn bei Regen nackt singend durch den Garten (besser, wenn ihr 'ne Hecke habt), schreib ein Lied, spring Bungee, zünde deinen Pups an ... Danach fühlst du dich besser. (Natürlich solltest du andere Leute nicht belästigen und dich selbst nicht in Gefahr bringen).
- GENUSS: Wissenschaftler bestätigen, wer

genießen kann, ist weniger anfällig für Süchte. Gönn dir mal einen Burger, ein Schaumbad, ein neues Album bei I-Tunes, eine heiße Schoki, eine Folge deiner Lieblingsserie, ... Die Betonung liegt auf „mal", nicht immer.

Natürlich bleiben wir sexuelle Wesen mit Sehnsüchten und Wünschen und ich behaupte sogar, dass unsere Sehnsüchte hier auf der Erde nie ganz gefüllt werden. Und doch glaube ich, dass wir das, **was wir im Sex suchen, oft auch im normalen Leben ohne Sex finden können**. Teste es!

FAZIT: **Echte Kerle haben sexuelle Gefühle, versuchen aber ihre Sehnsüchte dahinter zu entdecken und aufzutanken.**

„Der Ständer"

Vielleicht kennst du so eine Situation, wie sie Mannfred beim Ballspielen im Schwimmbad erlebt hat. Unser „Ding" kann man leider nicht so leicht „steuern" wie unsere Arme oder Beine. **Eine Erektion kann eigentlich immer vorkommen.** Einige Jungs haben Erektionen, wenn sie aufs Klo müssen, morgens früh wacht man schon mal mit der sogenannten „Morgenlatte" auf und auch wenn wir eine erotische Werbung sehen oder an ein hübsches Mädchen denken, kann sich unser Schwellkörper mit Blut füllen. Kevins Kommentar stimmt erst mal. Eine Erektion ist nichts Schlimmes und ein Zeichen dafür, dass bei dir alles okay ist. Dennoch gibt es Situationen, in denen es einfach unpassend ist.

Hier ein paar Tipps gegen unangenehme „Beulen in der Hose":

⇒ Achte beim nächsten Hosenkauf darauf, nicht gerade das engste Modell zu nehmen.

⇒ Beim Sitzen hilft es, die Hände oder eine Hand in den Schoß zu legen.

⇒ Beim Stehen kann man seine Hände in die Hose stecken und damit die Hose nach vorne dehnen. Oder man stellt ein Bein vors andere, auch dadurch entsteht ein „Freiraum".

⇒ Mannfreds Idee, an etwas „Nicht-sexuelles" zu denken, war schon echt gut. Denk an die nächste Mathearbeit, an etwas Ekliges, das du gegessen hast, oder einfach an einen Stuhl.

Wenn es dann doch mal jemand merkt, nimm es mit Humor.

FAZIT: Echte Kerle haben Erektionen und gehen entspannt damit um.

Schwul oder was?

Zunächst einmal finde ich eine Sache echt blöd, nämlich dass unter vielen Jungs „schwul" als ein Schimpfwort gebraucht wird. Jeder scheint Angst davor zu haben, „schwul" zu sein. Jungs, die Gefühle für andere Jungs haben, fühlen sich dadurch oft schlecht oder krank.

Es gibt in der Wissenschaft verschiedene Begründung, warum Menschen homosexuell empfinden. Die einen sagen, es ist genetisch, also angeboren. Andere sagen, dass einen Erfahrungen in der Kindheit und Pubertät beeinflussen. Dass Homosexuelle zum Beispiel auf der Suche nach männlicher Freundschaft und Nähe sind und gar nicht den Sex suchen.

Das Erlebnis von Mannfred in der Dusche, dass er Kevin auf einmal attraktiv findet, ist nicht ungewöhnlich. Phasen der Bewunderung oder sogar des Verliebtseins in das gleiche Geschlecht können vorkommen. Das bedeutet nicht, dass man schwul ist.

Wenn du dich über längere Zeit zu Jungs hingezogen fühlst, kann es gut sein, mal mit einem erfahrenen Mann zu reden. Zum Beispiel deinem Jugendgruppenleiter, einem Pfarrer oder Sozialarbeiter. Übrigens stimmt es nicht, dass Gott homosexuelle Menschen weniger mag oder sogar hasst. In der Bibel wird allerdings die Beziehung von Mann und Frau als ideal für eine Partnerschaft angesehen. Ich persönlich finde das Thema echt schwierig. Denn ich kenne Christen, die homosexuell empfunden haben und bei denen sich durch Gespräche und Gebet etwas verändert hat. Und ich kenne Christen, die immer noch homosexuell empfinden und darunter leiden, dass sie Gottes „Ideal" nicht erfüllen können.

Für mich ist es wichtig geworden, Homosexuellen erst mal positiv zu begegnen.

FAZIT: Echte Kerle haben nix gegen Schwule und dürfen auch mal Männer attraktiv finden.

Relax!

Morgens im Radio gibt es die besten Flirt-Tipps, wie man sie ins Bett bekommt. Auf dem Weg zur Schule sehe ich ein großes Plakat mit einer sehr hübschen Frau in Unterwäsche. In der Schule hat Nadine einen so kurzen Rock an, dass ich mich frage, ob das nicht die Unterhose ist. Beim Zeitungskiosk sehe ich auf dem Cover der Zeitung FOTO (Name von der Redaktion geändert) zwei nackte Brüste. Beim Chatten im Internet lädt mich in einem „aufpoppenden" Werbebanner die halb nackte „Swetlana" auf ihre Seite ein. Beim Weg zum Fußball hüpft bei der Joggerin auch so einiges auf und ab.

Das ist ein ganz normaler Tag, an dem wir vielen sexuellen Reizen ausgesetzt sind. **Und wir Männer sind für diese visuellen Reize besonders empfänglich.** Einige christliche Ratgeber empfehlen hier: „Einfach weggucken." Das ist ungefähr so realistisch, wie dass St. Pauli demnächst Deutscher Meister wird. Sexuelle Reize dürfen uns auffallen. Worauf es ankommt, ist nicht der erste Blick, sondern der zweite. Schaue ich gaffend und sabbernd immer wieder hin und geht bei mir gleich das Kopfkino los? Denn das kann man steuern.

Wichtig ist vor allem eins: Relax! Ich habe erlebt: Je mehr Pornos ich geschaut habe und umso mehr ich Sex in meinem Kopf hatte, desto sensibler habe ich alles Sexuelle wahrgenommen. Deswegen ist es so wichtig, sein Leben mit anderen positiven Dingen zu füllen – mit sinnvollen Hobbys, guten Freunden, freundschaftlichen Beziehungen zu Mädels, einem Nebenjob, Engagement im Ehrenamt.

Also schau dir die Brust an, denk „hübsche Brust" (nicht laut aussprechen!!! ☺) **und geh einfach weiter.** Und trotzdem macht es Sinn gewisse Ort, die einen „versexen" wollen, zu meiden. Nachts durchs Fernsehen zu zappen, gelangweilt im Internet zu surfen oder auf eine Erotik-Messe zu gehen, erhöht die Gefahr, dass das Thema Sex wieder sehr präsent ist.

FAZIT: Echte Kerle versuchen relaxt mit sexuellen Reizen umzugehen und meiden einschlägige Orte.

KANN MAN SICH WIRKLICH SELBST BEFRIEDIGEN?

Vielleicht hältst du das für eine blöde Frage, denn die meisten Jungs haben das schon mal gemacht. In meiner kleinen Umfrage kam heraus, dass die befragten Männer im Durchschnitt achtmal im Monat onanieren. Wobei einige nie masturbieren und andere jeden Tag.

Zunächst einmal müssen wir mit ein paar Mythen über Selbstbefriedigung aufräumen:
⇒ Selbstbefriedigung führt nicht zu Akne, krummen Händen oder früher Impotenz.

- ⇒ Fast jeder Mann und sehr viele Frauen haben sich schon mal selbst befriedigt und tun es auch in der Partnerschaft immer mal wieder.
- ⇒ Auch wer sich nicht oder wenig selbstbefriedigt hat, kann ein gutes Sexualleben haben. Man muss nicht üben.
- ⇒ Einen Orgasmus kann man auch einfach so bekommen. Zum Beispiel bei einem feuchten Traum, wenn man mit einem Mädchen kuschelt oder auch sonst, wenn man erregt ist. Das ist okay und muss niemandem peinlich sein.
- ⇒ Selbstbefriedigung selbst wird in der Bibel nicht als Sünde bezeichnet oder verboten. Es wird einfach gar nicht direkt erwähnt.
- ⇒ Selbstbefriedigung kann besonders in der Pubertät helfen, seinen Körper wahrzunehmen und zu entdecken.

Doch auch wenn das alles eher für Selbstbefriedigung zu sprechen scheint, habe ich noch ein paar „aber" einzufügen.

Selbstbefriedigung ist okay, aber ...

- ⇒ Ähnlich wie bei Pornos ist auch hier die große Frage: Versuche ich eine Leere in mir zu füllen? Ist sie ein Mittel, um mit Frust oder Stress umzugehen? Und gibt es da nicht bessere Lösungen?
- ⇒ Vergiss nicht, dass es eine sehr egoistische Form von Sexualität ist und dass Sex in einer lebenslangen Partnerschaft etwas ganz anderes und Intensiveres sein kann.

⇒ Wie bei jedem Genussmittel kann übermäßiger Genuss schaden. Es kann zur Sucht werden.

⇒ Es stellt sich die Frage nach den Gedanken und den Bildern, die ich mir dabei mache. Stelle ich mir konkrete Menschen vor, dann werden sie – ähnlich wie beim Porno – zur Masturbationsvorlage degradiert. Doch kann man sich überhaupt befriedigen ohne pornografische Bilder und Gedanken im Kopf zuzulassen? Ja, das kann man lernen. Gerade wenn du stark von Pornos geprägt bist, kann es sein, dass du das erst üben musst. Welche Gedanken okay sind, kann man übrigens gut im Gespräch mit erfahrenen Männern rausfinden.

⇒ In einer Partnerschaft darf Selbstbefriedigung nie dazu führen, dass man weniger Lust auf Sex mit seiner Frau hat. In der Partnerschaft kann es ein gutes Prinzip sein, dass man darüber redet.

Ich schreibe hier bewusst meine persönliche Meinung. Wer sich vorgenommen hat, auf Masturbation zu verzichten, den möchte ich ermutigen, das durchzuziehen.

10 Argumente, warum Pornos aus dir keinen echten Kerl machen

Der blonde Jugendreferent, der sich selbst lustig findet und Mannfreds Klasse besucht hat, das sollte ich sein. Ich habe in meinem Buch „Voll Porno – warum echte Kerle ‚Nein' sagen" meine Geschichte aufgeschrieben. Ich habe mir viele Jahre lang Pornos angeschaut und gemerkt, dass sie mich kein bisschen gefüllt haben, sondern dass sie mir ein falsches Bild von Sex vermittelt haben.

Hier 10 Punkte, wieso Pornos mich nicht zum echten Kerl gemacht haben:

1. Pornos vermitteln ein total abwertendes Frauenbild. Frauen sind keine Sexobjekte, sie sind liebenswerte, von Gott wunderbar geschaffene Wesen.
2. Die Pornoindustrie beutet Menschen aus, wird von der Mafia kontrolliert, zwingt Menschen zum Pornodreh und sieht nicht mehr den inneren Wert des Menschen.
3. Pornos zeigen oft „perfekte" Körper und überproportional große Brüste und Penisse. Das führt zu Minderwertigkeitskomplexen bei Männern und falschen Vorstellungen, wie Frauen auszusehen haben.
4. Pornos bieten eine Scheinwelt, in der scheinbar keine Ansprüche an einen gestellt werden. Einer echten Frau den Hof zu machen ist viel anstrengender und nervenaufreibender. **Pornos machen aus Jungs masturbierende Angsthasen.** Dabei sollen sie eigentlich mutige Liebhaber sein.
5. Die Bilder bleiben! Ich habe selbst erlebt, dass die Pornobilder in meinem Kopf drin geblieben sind, obwohl ich sie vergessen wollte.

6. Wir suchen nicht Sex, sondern Liebe und Anerkennung.
7. Pornografie kann zur Sucht werden. Viele Jungs können das Pornoschauen nicht einfach sein lassen, sondern befinden sich in einer Art Abhängigkeit. Echte Kerle sind frei!
8. Pornos entsprechen nicht Gottes Vorstellung von „gutem Sex", der intim zwischen zwei sich immer liebenden Menschen stattfindet.
9. Pornos zu schauen klaut einem wichtige Lebenszeit, die man für Partnersuche, Freundschaften, Bildung, sinnvolle Hobbys gut gebrauchen kann.
10. Pornos machen nicht glücklich, weil die Grundbedürfnisse nach Liebe, Anerkennung, Abenteuer und Frieden nicht befriedigt werden.

Mir haben verschiedene Sachen geholfen, mit dem Pornoschauen aufzuhören. Zum einen musste ich erst mal den Willen aufbringen, wirklich ohne Pornos zu leben. Solange du das nicht wirklich willst, wird es sehr schwer werden. Dann habe ich mir Filter auf meinen Computer geladen. Safeeyes oder K9webprotection sind hier zu empfehlen. Mit am wichtigsten für mich war, dass ich mir einen Seelsorger gesucht habe, der mit mir am positiven Füllen meines Liebestanks gearbeitet hat. Dabei haben Gott und das Erleben seiner Liebe auch eine große Rolle gespielt.

FAZIT: Echte Kerle brauchen keine Pornos!

KAPITEL 7
SEX UND PARTNERSCHAFT
... JETZT WIRD'S ERNST

Ja, es ist albern, aber wir tun es trotzdem. Wir sind auf Kevins Geburtstagsparty und spielen Flaschendrehen. Es gibt Wahrheit- und Pflichtaufgaben. Die letzten „Pflichtaufgaben waren: „Esse ein Insekt", „Streck deinen nackten Popo aus dem Fenster", „Mach 30 Liegestützen" und „Klingele bei Kevins Oma nebenan und verkauf ihr etwas Nutzloses". Das Beste ist, dass es Kevin war, der seiner eigenen Oma etwas verkaufen musste. Ich frage mich, ob sie das vom Papst gesegnete Heilwasser wirklich benutzt hat. Die fünf Euro haben wir gleich in Chips angelegt.

Nun zeigt die Flasche auf mich. Nach den letzten Pflichtaufgaben wähle ich lieber Wahrheit. Kevin stellt die Frage: „Wie viele Freundinnen hattest du und wie weit seid ihr gegangen?" Einige kichern. Oh Mann, was soll ich sagen? Die Wahrheit wäre „Eine" und „Ein feuchter Kuss auf die Wange" gewesen. Aber das kann ich mit 15 ja wohl nicht bringen. Da aber auch Frauke da ist, will ich auch nicht als Frauenaufreißer gelten. Mit schlechtem Gewissen lüge ich: „Vier und knutschen." – „Mit Zunge?", fragt Kevin. Das klingt eklig: „Nee." Zum Glück fragt keiner nach Details oder Namen der Freundinnen. Ich fühle mich doof, gelogen zu haben, aber ich habe einfach noch nicht viel Erfahrung. Die zwei Wochen „Beziehung" mit Chiara in der sechsten Klasse waren auch eher peinlich gewesen. Keiner durfte es in der Schule mitbekommen. Ein paarmal haben wir uns nachmittags getroffen, aber ich wusste immer nicht, was ich sagen sollte. Als sie mich küssen wollte, habe ich ihr meine Wange hingehalten. Das war irgendwie feucht und doch war es mein erster Kuss von einem weiblichen Wesen, das nicht Mama hieß oder mit mir verwandt war.

Das Spiel geht weiter. Timotheus muss noch einen bauchfreien Bauchtanz machen. Wir laagen (haha) unter den Tischen vor Lachen. Und von Frauke erfahren wir, dass sie schon mal mit einem Jungen geknutscht hat, mit Zunge. Der Glückliche!

Später schauen wir noch einen Film. Wir quetschen uns aufs Sofa und direkt neben mir sitzt Frauke. Unsere Schultern und unsere Oberschenkel berührten sich und ich rieche ihr Shampoo, das nach irgendeiner Frucht duftet. Die Stellen, an denen wir uns berühren, fühlen sich brennend heiß an. Ich merke, wie meine Hände schwitzen. Oh Mann, dieses Mädchen macht mich verrückt. Ich kann dem Film nicht folgen, weil ich die ganze Zeit an Frauke denke und heimlich zu ihr rüberschaue. Nach der Hälfte des Films schläft sie ein und nun kann ich sie genauer betrachten. Sie hat so wunderschöne reine Haut und sie sieht so friedlich aus. Wie gerne würde ich ihr zärtlich übers Gesicht streichen. Aber davor habe ich viel zu viel Angst. Mein Bauch fühlt sich ganz komisch an. Es ist wie eine Art Mischung aus Bauchweh und Hungergefühl ... ob sich so die „Schmetterlinge im Bauch" anfühlen!? Ich wäre gerne mit Frauke zusammen, aber wie soll ich es anstellen, dass wir ein Paar werden? So was lernt man natürlich nicht in der Schule. Muss morgen mal „Mit Frauke ein Paar werden" googeln. Frauke bewegt sich und ich schaue sofort wieder zum Film. Auf einmal stockt mein Herzschlag. Fraukes Kopf ist auf meine Schulter gerutscht. Die hübsche Prinzessin lehnt sich an die starke Schulter des edlen Kriegers. Vom Übermut gepackt schließe ich die Augen und lasse meinen Kopf langsam auf ihren sinken. Der Geruch ihrer Haare ist nun ganz intensiv. Ich spüre ihre Wärme und fühle mich wie im siebten Himmel. BLITZ! Ich schrecke hoch und da Frauke das Gleiche tut, schlagen unsere Köpfe leicht gegeneinander. Vor uns kniet Kevin mit seiner Digicam und sagt: „Eben noch auf meinem Sofa, gleich schon bei Facebook, unser neues Traumpaar." Wir halten beide unsere Köpfe, sagen zeitgleich „Entschuldigung" und werfen Kevin böse Blicke zu. Der sagt: „War ein Witz, kuschelt ruhig weiter." Das tun wir natürlich nicht, sondern ich konzentrier mich total auf den Film, kann aber weiterhin nur an Frauke denken. Ob ihr das peinlich ist? Ob sie es schön fand? Ob sie irgendetwas empfunden hat? Ich bin schon verwirrt genug und dann sagt Frauke beim Abschied auch noch: „War bequem an deiner Schulter", und dabei lächelt sie mich an. Wieder einer dieser Momente, in denen ich gerne wirklich cool wäre. Aber ich lächel nur verlegen und stottere: „Tttt-schüss!" Was für ein Abend.

Am nächsten Tag sind Oma und Onkel Chris zum Kaffeetrinken bei uns zu Hause. Chris erzählt, dass ihn gerade seine neueste Freundin verlassen hat. Woraufhin Oma den Einwurf bringt, dass sie ihre Freundin auch hassen würde, weil die immer so leise redet. Chris scheint das „Verlassen-Werden" nicht viel auszumachen. Mama sagt, dass Chris seine Freundinnen öfter als seine Unterhosen wechselt. Ihh!

Nach dem Kaffeetrinken verschwindet Mama in die Küche und Papa bietet Oma an, im Park spazieren zu gehen. Woraufhin Oma sagt: Oh ja, man könne sie gerne mit Quark massieren.

Chris und ich sitzen nun allein am Tisch und ich traue mich eine Frage zu stellen. „Onkel Chris, wie sagt man einem Mädchen, dass man in sie verliebt ist?"

„Au yeah, da bist du ja beim Experten gelandet", sagt er und richtet sich auf.

„1. Lektion: Der Gang. Du musst cool und lässig laufen. Brust raus, Bauch rein. Und die Schultern immer leicht eindrehen. Und ja nicht zu schnell." Chris macht den „Walk" vor und ich muss meine Lippen ganz fest zusammenpressen, um nicht laut loszulachen.

„2. Lektion: Das Lächeln." Mein Onkel legt seinen Kopf leicht schräg, zieht seine Augenbrauen hoch und legt das breiteste Grinsen auf, das ich je gesehen habe. Durch seine Zähne zischt er „Hallo Baby." Für mich sieht er eher aus wie ein Kamel auf LSD.

„3. Lektion: Der Spruch. ‚Oh wie toll, dass ich dich gefunden habe. Gott hat einen wunderschönen Engel verloren, soll ich dich zurückbringen?'"

„4. Lektion: Das Kompliment: ‚Deine Augen erinnern mich an das Blau des Meeres, deine Lippen an das Rot einer Kirsche und deine Brüste erinnern mich an Fußball.'"

„5. Lektion: Die Aufforderung: ‚‚Wollen wir nicht zu mir gehen? Dein Oberteil passt super zu meiner Bettwäsche.'"

„6. Lektion: Ducken, wenn sie dir eine scheuert."

Ehrlich gesagt bin ich von Onkel Chris' Expertenrat nicht sehr beeindruckt. Irgendwie habe ich heute meinen mutigen Tag und traue mich, meinem Onkel noch eine Frage zu stellen: „Onkel Chris, findest du es eigentlich nicht schlimm, dass du nie so richtig lange eine Freundin hast?"

Das Gesicht meines Onkels verändert sich. War er eben noch der coole lustige Onkel, so habe ich jetzt kurz den Eindruck, in sein Herz zu sehen. Er sieht traurig aus und ich sehe auf einmal einen unglücklichen Mann vor mir sitzen. „Weißt du Manni, ab und an träume ich von der Richtigen. Von der, die mich für immer liebt, so wie ich bin. Aber vielleicht hab ich die auch nicht verdient." Er schluckt. „Vielleicht hätte ich dafür braver sein müssen und wie deine Eltern mit dem Sex bis zur Ehe warten sollen."

Waaas, meine Eltern hatten keinen Sex, bevor sie verheiratet waren? Das wusste ich ja gar nicht. Krass. Kurz danach ist Onkel Chris wieder ganz der coole Onkel. Und hier noch der neuste Chuck-Norris-Witz von Onkel Chris zum Thema: „Kondome schützen Chuck Norris nicht vor Aids, Kondome schützen Aids vor Chuck Norris!"

Flirten: Wie geht´s und was bringt´s?

Die Flirttipps von Onkel Chris sind nicht gerade das „Erfolgsrezept". Solche eingeübten Gesten und Sprüche sind eher peinlich. Oft werden sie auch dazu benutzt, den anderen um den Finger zu wickeln, also ihn zu manipulieren. Aber willst du geliebt werden, nur weil du die richtigen Sprüche gemacht hast? Auch Mädels versuchen mit großen Ausschnitten, flirtenden Sprüchen oder Rumgekuschele deine Aufmerksamkeit zu erlangen. Aber auch wenn das schön ist, gilt: **Gehirn nicht abschalten!**

Ich selbst bin ein schlechter Flirter, das sagt zumindest meine Frau. Am besten ist es, wenn du einfach ehrlich du selbst bist. Frauen haben einen guten Riecher, ob man sich verstellt. Natürlich ist es nicht schlecht, sich auch mal etwas interessant zu machen. Lies ruhig noch mal die 30 Tipps aus Kapitel zwei.

Wichtig ist: Mach Mädels keine Hoffnung, wenn du nichts von ihnen willst. Nur zu flirten oder ein bisschen rumzumachen, damit du dich gut fühlst, ist fies, weil du nie weißt, was du bei ihr auslöst.

FAZIT: Echte Kerle dürfen flirten, ohne Frauen zu manipulieren oder auszunutzen.

10 Märchen über Sex

1. Nur Jungs haben starke sexuelle Gefühle und reden derb über Sex.

   Auch Mädchen reden über Sex und entdecken in der Pubertät ihre Sexualität. Über die Hälfte der Mädchen befriedigt sich selbst, wenn auch seltener als Jungs.

2. Wer viel und versaut über Sex redet, hat auch viel Erfahrung und ist der Coolste.

   Oft ist es gerade umgekehrt. Wer viel und versaut über Sex redet, hat eher ein Problem mit seiner Sexualität. Mädchen finden Jungs, die versaut reden, meist eklig.

3. Deine Eltern kennen keine sexuellen Gefühle und waren immer anständig.

   Noch mal: Deine Eltern hatten Sex miteinander, sonst gäbe es dich nicht. Bis heute haben sie sexuelle Bedürfnisse und Empfindungen. Und auch sie waren mal in der Pubertät und haben vielleicht das eine oder andere gemacht, was sie dir heute verbieten. Vielleicht verbieten sie es dir heute auch, weil sie selbst schlechte Erfahrungen gemacht haben.

4. Sex muss man ausprobieren, um zu wissen, ob es mit dem Partner überhaupt klappt.

Wenn man nicht gerade eine Krankheit hat, klappt Sex rein technisch zwischen jedem Mann und jeder Frau. Das muss man in dem Sinne nicht üben. Damit Sex aber für beide Partner schön wird, muss man erst ausprobieren, was der andere schön findet. Das braucht Zeit, Vertrautheit und einiges an Gespräch.

5. Fast jeder hatte mit 15 Jahren schon mal Sex.

Das Durchschnittsalter für das erste Mal liegt weltweit bei 18,1 Jahren. Viele haben ihre ersten sexuellen Erfahrungen erst später. Ich hatte mein erstes Mal erst mit 25. Und ich bereue es nicht, so lange auf die Richtige (meine Frau) gewartet zu haben. Und wie bei Mannfreds Flaschendrehaktion wird bei dem Thema sehr viel geflunkert, also **lass dich nicht unter Druck setzen**.

6. Das erste Mal tut immer weh.

Das ist bei jedem anders. Das erste Mal ist ein sehr spannender Moment, der oft mit vielen Ängsten verbunden ist. Jungs haben Angst, ihr wehzutun, keine Erektion oder sehr früh einen Samenerguss zu bekommen. Mädchen haben Angst, dass es wehtut oder dass sie etwas falsch machen. Gerade deswegen ist es so wichtig, dass man beim ersten Mal sehr vertraut und ehrlich miteinander ist. Es darf zum Beispiel auch gelacht werden.

7. Sex ist kein großes Ding. Das kann man einfach mal ausprobieren.

Einige Menschen sehen das so, ich nicht. Ich finde, Sex mit jemandem zu haben, ist etwas Intimes und Besonderes. Man verbindet nicht nur seinen Körper, sondern auch seine Seele mit der des anderen. Man kommt sich sehr nah und erlebt den anderen, wie ihn sonst vielleicht keiner kennt.

8. Die wichtigsten Körperteile beim Sex sind die Geschlechtsteile.

Jetzt wunderst du dich vielleicht: Wie soll man Sex ohne Penis und Vagina haben? Natürlich gehören die auch dazu. Aber das wichtigste Sexorgan ist das Gehirn. Von dort werden deine Körperteile gesteuert. Und wenn du zum Beispiel Angst hast oder dich nicht sicher fühlst, wird es nicht so gut funktionieren.

9. In Pornos kann man lernen, wie Sex funktioniert.

„Pornos sind Märchen für Erwachsene", sagt der Sexualwissenschaftler Dr. Passtöter. Miteinander schlafen kann man eh nicht lernen. Viele Stellungen aus Pornos sind nicht angenehm oder gar nicht möglich. Außerdem fehlen in Pornos Zärtlichkeit und Liebe ... mit das Wichtigste beim Sex.

10. Gott hat etwas gegen Sex.

Hat er nicht! Mehr dazu findest du ein paar Seiten weiter.

FAZIT: Echte Kerle glauben keine Märchen über Sex, sondern informieren sich.

Die Richtige!?

Ist Frauke die Richtige für Mannfred? Oder wartet irgendwo Frauhilde, die nur mit ihm glücklich werden kann!? Oder könnte Mannfred mit jedem Mädchen zusammen sein und glücklich werden? So romantisch die Vorstellung von „der einen Traumprinzessin", die speziell für dich geschaffen wurde und die du nur suchen und dann erobern musst, auch ist – ich glaube nicht daran. So toll ich meine Frau Johanna auch finde, ich hätte sicherlich auch mit einer anderen Frau glücklich werden können und sie auch mit anderen Männern.

Bei der Partnerwahl müssen zwei sonst eher verfeindete Bereiche in uns zusammenarbeiten: **Gefühl und Verstand**.

Gefühl: Dieser Aspekt wurde jahrtausendelang bei der Partnerwahl kaum berücksichtigt. Man wurde von seinen Eltern verheiratet und musste sich dann halt lieben lernen. Überleg mal, mit wem dich deine Eltern im Alter von 14 Jahren verheiratet hätten!? Na, zufrieden?

Heute ist es für uns logisch, dass ich in meine Freundin verliebt sein muss. Deine Zukünftige muss in dir etwas Besonderes auslösen, du musst von ihr begeistert sein. Diese Gefühle können wir kaum beeinflussen, den Verstand dagegen schon.

Verstand: Den Verstand kannst du, schon bevor du dich verliebst, einschalten (danach ist er ja meistens weg). Mach dir mal eine Liste, was deine Partnerin auf jeden Fall haben oder können muss. Eine Beispielliste: blond, große Brüste, gut kochen können,

Christ sein, treu sein, gemeinsamen Humor, sportlich, herzlich sein, meine Freunde mögen, Christoph Pahls Bücher gut finden, reiche Eltern haben, ... Jetzt unterstreiche auf deiner Liste noch mal drei bis fünf Eigenschaften, die sie auf jeden Fall haben muss. Das wären bei meiner Liste: Christoph Pahls Bücher gut finden, große Brüste und gut kochen können. ☺ NEIN! Deine perfekte Traumfrau wird's nicht geben, aber die Frage ist: Was ist dir so wichtig, dass sie es haben muss? Wenn dich in Zukunft deine Gefühle für ein Mädchen überfallen, dann ist es gut, die Liste wieder rauszuholen. Und wenn die wichtigsten Werte nicht übereinstimmen, ist zumindest mal „Achtung" angesagt.

Ich habe zwei Typen von Leuten kennengelernt: **Die einen scheinen „Brüste" als einziges Kriterium auf ihrer Liste zu haben** und machen sich an alles ran, was zu haben ist. Andere wiederum machen sich das Leben schwer, weil sie das perfekte Frauenbild im Kopf haben und keine reale Frau da herankommt. Gerade als Jugendlichem empfehle ich dir allerdings, dein Ideal hoch zu halten. **Du bist zu wertvoll, um es einfach mal mit irgendjemandem zu probieren.** Du hast Zeit!

Eine Bitte noch an alle Christen: Ja, ich glaube, dass Gott uns bei der Partnerwahl gute Impulse gibt und auch schlaue Ratgeber vorbeischickt. Aber ich glaube, man ist selten so „taub" für Gott, wie wenn man verliebt ist. Sätze wie „Gott hat uns gezeigt, dass wir jetzt nach drei Monaten Beziehung heiraten sollen" lassen mich den Kopf schütteln. Umso wichtiger finde ich es, bei dem Thema gute Freunde und Ratgeber zu haben. Und auch wenn wir das gerne hätten: Gott nimmt uns die Entscheidung für oder gegen einen Partner nicht ab, die müssen wir am Ende selbst treffen.

Verliebt und geisteskrank

„Der Serotoninspiegel sinkt stark ab, wodurch der Zustand der Verliebtheit in diesem Punkt eine Ähnlichkeit mit vielen psychischen Krankheiten aufweist. Das trägt dazu bei, dass Verliebte sich zeitweise in einem Zustand der ,**Unzurechnungsfähigkeit**' befinden können, sich dabei zu irrationalen Handlungen hinreißen lassen und Hemmschwellen abbauen", das schreibt Wikipedia im Artikel „Liebe" zum Thema Verliebtsein.

Irrationale Handlungen, die ich beobachtet habe:
⇒ nächtelanges Telefonieren, obwohl man sonst nie länger als fünf Minuten ein Telefon in der Hand hatte
⇒ nach ein paar Wochen Beziehung heiraten
⇒ ein Kind zeugen
⇒ stundenlang Liebesbriefe schreiben
⇒ Unmengen von Geld für Geschenke und gemeinsame Unternehmungen ausgeben
⇒ Strickkurse belegen oder zu Schlagern tanzen, nur weil sie auch da ist

Einige Handlungen kenne ich aus meiner eigenen Verliebtheitsphase. Diese Phase hält zwischen sechs

Monaten und zwei Jahren an. **Und wenn beide ineinander verliebt sind, ist das erst mal wunderschön.** Ich denke gerne an diese Phase mit Johanna zurück. Genieße sie!

Der Spruch mit der rosaroten Brille stimmt wirklich: Dir fallen die Macken und Fehler des anderen kaum auf oder du übersiehst sie. Da entdecken einige erst ein paar Monate später, dass der Partner ja Mundgeruch hat oder ein Besserwisser ist, obwohl das schon immer so war.

Auch wenn ich mich ein bisschen wie ein spießiger Spielverderber fühle, lautet mein Rat, der dir hoffentlich ein paar Probleme ersparen wird: **Schalt ab und an dein Gehirn wieder ein.** Und diesen Rat wirst du noch öfter in diesem Kapitel lesen: Lass dir Zeit.

FAZIT: Echte Kerle genießen die Verliebtheit, ohne ihr Gehirn abzuschalten.

SO EIN BISSCHEN ZUSAMMEN...!?

⇒ „Das mit Vanessa ist nix Langfristiges, wir gehen halt mal miteinander."

⇒ „Ich weiß schon, dass das mit Katha nicht halten wird, aber ich warte halt, bis sie Schluss macht."

⇒ „Ich will mich noch nicht auf Anika festlegen, vielleicht kommt ja noch was Besseres."

Ehrlich gesagt bringen mich solche Aussagen etwas

auf die Palme. Sind Beziehungen nur dazu da, dass ich mich gut fühle? Habe ich nur eine Freundin, um bei meinen Kumpels besser dazustehen oder damit Mama sieht, dass ich nicht schwul bin!?

Hallooooo! **Eine Beziehung hat etwas mit Liebe zu tun.** Und zur Liebe gehört immer ein Geben und Nehmen. In der Bibel gibt's einen klasse Spruch: „Liebe hat Geduld. Die Liebe ist gütig und nicht mit Neid erfüllt. Liebe macht sich nicht wichtig, sie bläht sich nicht auf; sie ist nicht taktlos und sucht nicht sich selbst; sie lässt sich nicht reizen, und trägt Böses nicht nach; sie freut sich nicht über Unrecht, sondern freut sich mit an der Wahrheit. Sie bedeckt alles mit Schweigen, sie glaubt und hofft alles, trägt alles mit großer Geduld. Die Liebe wird niemals aufhören." (1.Korinther 13, 4ff)

Ich finde, Beziehung ist kein Spielchen, in dem jeder jederzeit ohne Verlust wieder aussteigen kann. **Liebe ist ein Wagnis, ein Risiko.** Und Männer: Zur echten Liebe gehört Mut, weil wir uns verletzlich machen.

FAZIT: Echte Kerle haben eindeutige Beziehungen und wagen echte Liebe, die verletzlich macht.

Liebeskummer

Ich weiß nicht, was mehr wehtut, ein gebrochener Arm oder ein gebrochenes Herz. Liebeskummer ist ein absolutes Sch...gefühl. Mehr dazu in Kapitel acht.

Eine Beziehung aufbauen

Ein Tipp passt fast immer am Anfang einer Beziehung: Lass dir Zeit. **Lerne das Mädchen erst mal kennen.** Unternimm etwas mit ihr, macht Sport zusammen, erzählt euch Kindheitsgeschichten, geht ins Kino, unternehmt etwas mit euren Freunden, stellt euch gegenseitig Fragen. So kannst du sie besser kennenlernen und merken, ob du nur ein bisschen für sie geschwärmt hast oder ob deine Gefühle bleiben. Um das alles zu machen, musst du aktiv werden. Entweder du sprichst sie einfach an oder du schreibst ihr einen Brief. Oder du bittest einen Freund um Hilfe. Er könnte euch beide zum Beispiel einladen.

Der nächste Schritt ist dann herauszufinden, ob sie auch etwas von dir möchte. Das zu bemerken ist oft schwierig, da auch Frauen sehr gut schauspielern und ihre Gefühle verstecken können. Meine Frau war zum Beispiel ein Jahr lang in mich verliebt, bevor ich es gemerkt habe. Deswegen empfehle ich die offene Kommunikation: Frag sie. Hier kann ein Brief eine Hilfe sein, dann hat sie Zeit, darüber nachzudenken. Beschreibe (respektvoll), was du an ihr magst, und frage sie, ob sie sich mehr als Freundschaft vorstellen kann.

Ich glaube übrigens, dass die meisten Frauen noch immer den Wunsch haben, „erobert" zu werden. Also sei kreativ und überlege dir, wie du ihr was Gutes tun kannst. Diese Frage darf man sich übrigens auch in einer Beziehung immer und immer wieder stellen: Wie kann ich dem anderen etwas Gutes tun?

Küssen, Petting und wann fängt Sex an?

Wenn ihr dann zusammen seid, gilt immer noch der gleiche (vielleicht mittlerweile nervige) Tipp: **Lass dir Zeit.** Körperliche Nähe ist etwas Wunderschönes. Die Wärme des anderen genießen, den Geruch wahrnehmen, sich zärtlich berühren, streicheln und gestreichelt werden, ... Ein älteres Ehepaar, das ich persönlich kenne und auch schätze, hat ein interessantes Buch über den Aufbau einer Beziehung geschrieben. Regine und Holger beschreiben darin, dass die Nähe im seelischen, körperlichen und spirituellen Bereich gleichzeitig wachsen muss. Sie bemängeln, dass viele Beziehungen zwar sehr schnell körperlich sehr intensiv werden, aber die seelische und geistige Nähe und das Kennenlernen zu kurz kommen. Da für guten Sex ja auch ein tiefes Kennen und Vertrautheit wichtig ist, macht ihr Modell für mich Sinn. Denn es beinhaltet eben auch, dass man mit der Zeit neue körperliche Bereiche „erobert" und nicht, wie einige amerikanische Ratgeber es empfehlen, vor der Hochzeit selbst das Küssen tabu ist.

Verhütung

Ich habe einige christlich geprägte Bücher über Sex gelesen. Leider habe ich in kaum einem etwas zum Thema Verhütung gefunden. Auch ich empfehle für Jugendliche ganz klar die beste Verhütungsmethode: kein Sex. Doch die Realität zeigt, dass das öfters nicht klappt. Und wenn du denkst, Verhütung sei Frauensache, dann vergiss das ganz schnell mal. **Denn Kinder erziehen und Unterhalt zahlen sind sonst ganz schnell DEINE Sache.**

Was nicht funktioniert:
⇒ „Coitus interruptus": Das bedeutet, vor dem Samenerguss den Penis aus der Scheide zu ziehen. Denn erstens ist der Moment nicht immer abzupassen und zweitens kommt auch vor dem Samenerguss schon Ejakulat mit Spermien aus deinem Penis.

⇒ Wenn die Frau sagt, dass sie ihren „Zyklus" kennt und sie sicher ist, dass sie nicht ihre „fruchtbaren Tage" hat. Erstens muss die Frau sich selbst dafür sehr genau beobachten und zweitens können sich Spermien theoretisch auch mehrere Tage in der Scheide halten, bevor sie zur Gebärmutter gelangen.

⇒ Wilde Gerüchte wie „Beim ersten Mal kann nix passieren" oder „Schwanger kann man erst ab 16 werden" sind Quatsch.

Was am besten funktioniert:
⇒ Kondome. Sie sind auch nicht hundertprozentig sicher, aber dennoch eine der besten Verhütungsmethoden. Kaufen kann man sie in jedem Supermarkt. Wem das zu peinlich ist, der kann sie auch am Automaten im Restaurant / in einer Kneipe erwerben. Kondome schützen auch vor vielen Geschlechtskrank-

heiten und sie greifen, anders als die Pille, nicht in den Hormonhaushalt der Frau ein.

⇒ Hormonelle Behandlung bei der Frau: die Pille oder ein Vaginalring. Dabei werden dem weiblichen Körper Hormone zugefügt, die ein Schwangerwerden verhindern. Durch das Vergessen der Pille oder durch Erbrechen kann die Wirkung nachlassen. Die hormonelle Behandlung bietet keinen Schutz vor Geschlechtskrankheiten (Aids, Hepatitis und anderen unschönen Sachen). Wichtig ist, dass jede Frau selbst entscheiden muss, ob sie die Pille nimmt oder nicht.

Grundsätzlich finde ich, wer Sex hat, muss sich bewusst sein, dass dabei ein Baby herauskommen kann. Bist du bereit dafür? **Denn aus einem kurzen Spaß kann schnell ein kleiner Ernst werden.**

FAZIT: **Echte Kerle wissen über das Thema Verhütung Bescheid.**

Mag Gott Sex?

Viele Menschen denken, dass Gott sexfeindlich ist. Das glaube ich ganz und gar nicht. Gott mag Sex! Gott hat Sex erfunden und das nicht nur, um Kinder zu zeugen. Schon ganz am Anfang der Bibel sagt Gott, wie er sich das vorstellt: „Deshalb verlässt ein Mann Vater und Mutter, um mit seiner Frau zu leben. Die zwei sind dann eins, mit Leib und Seele" (1. Mose 2,24). Leib und Seele. Sexualität hat für Gott immer etwas mit der Seele, unserem Herzen zu tun. Gott weiß, dass der Mensch im Sex mehr sucht als körperliche Befriedigung. Der erste Sex der Bibel wird übrigens so beschrieben: „Adam erkannte Eva und sie wurde schwanger" (1. Mose 4,1). Das Wort „erkennen" kann auch „verstehen", „Respekt haben", „sicher sein" bedeuten. **Es geht Gott beim Sex um eine tiefe Beziehung.** Ich erkenne meinen Partner an. Ich lerne ihn kennen. Ich bin sicher und geborgen bei ihm. In den übrigen Teilen der Bibel wird Sexualität außerhalb einer festen Beziehung fast immer als nicht im Sinne Gottes beschrieben. Auch Jesus bekräftigt sein „Ja" zu einer festen, auf ein Leben lang angelegten Partnerschaft (Matthäus 19). **Sex ohne „eins sein" und „tiefes Erkennen" ist nicht Gottes Idee.** Nicht, weil er uns quälen will, sondern weil er sich um unsere Seele und unseren Respekt sorgt. Und sicher auch um die Kids, die beim Sex entstehen können.

Sex vor, nach, während der Ehe

Viele Menschen finden die Vorstellung, mit dem Sex bis zur Ehe zu warten, total absurd. Heiraten ist für viele Menschen kein Thema mehr. Freunde von uns sagen zum Beispiel, dass sie ihr gemeinsames Kind mehr verbindet als ein Trauschein. Das kann ich verstehen.

Meine Frau und ich haben mit unserem ersten

Mal bis nach unserer Hochzeit gewartet. Drei Jahre lang waren wir zusammen. Wir waren uns körperlich nah und hatten auch Petting, aber wir hatten beschlossen, unsere körperliche Nähe nach und nach zu steigern. Wir hatten beide vorher keinen Sex mit anderen und deswegen war es toll, den Bereich der Sexualität langsam zu entdecken. **Bis heute finde ich es toll, dass ich der Einzige bin, der meine Frau in so einer intimen Situation erlebt hat.** Sicherlich hat das „Warten" nicht immer Spaß gemacht, aber ich bin heute froh über diese Entscheidung. Wenn du dir auch vorgenommen hast, zu warten, dann helfen euch klare Grenzen, wie weit ihr gehen wollt. Diese Grenzen solltet ihr gemeinsam festlegen und immer wieder überdenken. Übrigens bleibt das Thema Sex auch in einer Beziehung immer aktuell. Es ist so wichtig, über die verschiedenen Bedürfnisse zu sprechen. Wenn verheiratete Leute dich mit dem Thema „Sex vor der Ehe" nerven, dann frag ruhig auch mal nach ihrem Sexleben. ;-)

KAPITEL 8
ECHT GROSSE FRAGEN: SELBSTMORD, TOD, ANGST, SUCHT

Traurigkeit und Selbstmordgedanken!?

Es regnet.
 Es ist grau.
 Es ist kalt.

Ich liege in meinem Zimmer auf meinem Bett. Draußen scheint die Sonne. Aber in mir fühlt es sich an wie ein beschissener grauer Herbsttag. Ich möchte nicht aufstehen. Ich kann nicht aufstehen. Ich bin müde, obwohl ich genug geschlafen habe.

Mein Herz fühlt sich an, als ob jemand damit Fußball gespielt und dann noch ein Messer reingesteckt hat. Dieser „jemand" hat einen Namen. Bis gestern dachte ich, es sei der schönste Name der Welt. Seit gestern Abend ist er so hässlich wie Gollum und Miss Piggy zusammen. Ich habe einen Brief geschrieben. Viele, viele Stunden lang. In der Schule lernt man so viel Schrott, aber niemals einen Liebesbrief zu schreiben. Schließlich habe ich versucht, ein Gedicht zu schreiben, und sie darin gefragt, ob ich sie auf ein Eis einladen darf. Ich habe drei Versionen des Briefes geschrieben. Konnte mich tagelang nicht entscheiden, welchen ich ihr geben sollte. Gestern dann hat ihn mein Postbote Kevin in der Pause abgegeben. Ich war so gespannt, wie sie reagieren würde? Ob sie Eis mag? Ob sie das Gedicht mag? Ich konnte mich in der Schule auf nichts konzentrieren. Als ich nach der Schule unseren Schulbus betrat, wurde mein Herz so gecrasht. Frauke las ihren Freundinnen laut den Brief vor und alle kicherten: „Ich bin kein Superheld mit sehr viel Geld. Ich fahr keinen coolen Quad, sondern ein altes Fahrrad. Ich bin einfach nice, und lad dich ein auf ein Eis. Ich würde dich gerne besser kennen, und will zum Schluss meinen Namen nennen. Gruß Manni"

Ich wäre so gerne im Busboden versunken.

Vielleicht findest du das lustig, ich gar nicht.

Gestern Abend habe ich zum ersten Mal darüber nachgedacht, wozu es mich überhaupt noch auf dieser Welt braucht? Mein Leben besteht doch eh nur aus Leiden, wäre es da nicht besser, dem Ganzen ein Ende zu setzen? Nadine aus der Parallelklasse hat letztes Jahr versucht, sich die Pulsadern aufzuschneiden. Bei ihr hat es keiner erwartet, wahrscheinlich war ihr Herz auch so zertreten wie meins. Wäre ja auch irgendwie praktisch, wenn ich weg wäre: Meine Eltern würden Geld sparen. Das Zimmer könnten sie vermieten und sie müssten viel weniger Nutella kaufen. Der Schulbus wäre ab sofort leerer. Timotheus hätte in der Schule eine ganze Bank für sich. Frau Schmitz hätte weniger Mathe-Tests zu korrigieren. Die Umwelt würde weniger verschmutzt und die Energiereserven der Welt würden etwas länger halten. Scheinbar hätte es nur Vorteile, wenn ich weg wäre. Sicher wäre meine Familie etwas traurig und Kevin und Timotheus vielleicht auch. Aber die würden sicher alle neue Menschen finden. Der Frauenwelt würde ich nicht fehlen. Vermutlich würde ich eh als einsame Jungfrau sterben. Vielleicht war es ein Unfall, dass ich auf der Erde bin. Vielleicht hat Gott mal kurz nicht aufgepasst und schwups war die Spermie in der Eizelle und er dachte: „Och nee, was ein Mist."

Mannfred stellt sich die Frage nach dem Lebenssinn. Über die Hälfte der von mir befragten Männer gab an, schon über Selbstmord nachgedacht zu haben.

Christian schreibt: „Das Gefühl, dem Druck nicht standzuhalten, mit den Anforderungen nicht klarzukommen, nicht in diese Welt zu passen, vollkommen falsch zu sein und gerne einfach rauszuwollen, kenne ich gut und habe ich schon oft gehabt und bis heute ist es ein Begleiter."

„Mehr als dreimal so viele Jungen wie Mädchen begehen Selbstmord, noch bevor sie zwanzig Jahre alt sind. Bei den Erwachsenen sind drei Viertel der jährlichen circa 13.000 Selbstmörder männlichen Geschlechts", hält Frank Beuster in seinem Buch „Die Jungenkatastrophe" fest und laut „Jungen" von William F. Pollack haben circa **fünf Prozent aller Kinder unter 19 Jahren Depressionen**. Dabei sind die Zahlen bei Jungs in den letzten Jahren steigend. Bei vielen vermutet man, dass sie ihre Depression unterdrücken oder so gut tarnen, dass sie nie entdeckt wird. Anders als bei Mädchen können auch übermäßige Aggression, überzogene Albernheit, sehr hoher sportlicher und schulischer Ehrgeiz oder ein starkes Leugnen der Traurigkeit Hinweise auf eine Depression sein. Der Selbstmord des Nationaltorwarts Robert Enke erschütterte vor ein paar Jahren Deutschland. Dass so ein starker und selbstbewusst wirkender Sportstar jahrelang unter Depressionen litt, passte nicht in das Männerbild der Deutschen. Enke berichtete einem seiner Mitspieler: „Eine Depression tötet alle positiven Gefühle, plötzlich erscheint dir alles sinnlos, ausweglos." Sein Biograf Ronald Reng beschreibt die Krankheit in dem Buch „Robert Enke. Ein allzu kurzes Leben" folgendermaßen: „Es war, als ob der Zugang zu seinem Gehirn auf einen kleinen Spalt reduziert würde, durch den nur noch negative Regungen hindurchschlüpften, Angst, Stress, Traurigkeit, Zorn, Überforderung, Erschöpfung. Nichtdepressive Menschen konnten die Macht der Depression selten nachvollziehen, weil sie nicht verstanden, dass es eine Krankheit war. Die Leute fragten sich, warum er sich nicht mal zusammenreiße. Sie verstanden nicht, dass er machtlos gegen den schwarzen Blick auf alles war."

Auch ich kenne aus meinem Leben depressive Phasen. Als 14-Jähriger quälte ich mich durch die Schule, eine Freundin war weit und breit nicht zu sehen. Einsamkeit und Selbstzweifel waren häufig meine Begleiter. Außer meinen Eltern bekam das allerdings keiner mit. Ich wollte nach außen „cool" bleiben. Mir hat damals sicher auch der „Mut" gefehlt, einen Selbstmord zu planen. Aber die Frage: „Was fehlt schon, wenn ich weg bin?" habe ich mir öfters gestellt.

Damals haben mir mehrere Sachen Halt gegeben. Zum einen die Liebe meiner Eltern und meine Freunde, denen ich wichtig war. Zum anderen aber auch der Glaube an Gott.

Heute könnte ich mich für meine jugendlichen Selbstmordgedanken echt ohrfeigen. Wie viele tolle Erlebnisse hätte ich verpasst. Wie viel Leid und Schmerz hätte ich meiner Familie und meinen Freunden zugemutet. Wie viele tolle Menschen (unter anderem meine Frau) hätte ich nie getroffen. Wie viele Jugendliche hätten niemals meine für sie hilfreichen Gedanken erfahren.

Gott hat mir so viele sinnvolle Aufgaben anvertraut: meinen Freunden ein guter Freund zu sein, ein liebender Ehemann, ein guter Jugendreferent, dem Dönerverkäufer ein treuer Kunde. ☺

Jeder Mensch auf dieser Welt kann anderen Menschen etwas schenken. JEDER! **Du wirst gebraucht!** Siehe hierzu auch Kapitel neun.

Bis heute habe ich traurige Phasen in meinem Leben. Phasen, in denen ich mich einsam fühle und weinend dasitze. Das darf sein und das ist okay. Allerdings ist es ganz und gar nicht männlich, mit seinen Problemen allein zu bleiben.

Praktische Tipps
⇒ Du bist für diese Welt und für die Menschen hier wertvoll. Gott kann aus deinem Mist super Dünger machen!
⇒ Bleib mit deiner Trauer, deiner Depression nicht allein. Rede mit Menschen darüber. Hinten bei den Links findest du auch Adressen von Beratungsstellen.
⇒ Es ist keine Schande, professionelle Hilfe von Psychologen in Anspruch zu nehmen. Im Gegenteil, je früher Beratung in Anspruch genommen wird, umso besser kann geholfen werden. Trau dich!

FAZIT: Echte Kerle dürfen depressive Phasen haben, aber sie holen sich Hilfe, um da wieder rauszukommen. Echte Kerle wissen, dass Selbstmord keine Lösung ist.

Tod!?

Witz zum todernsten Thema: Chuck Norris ist eigentlich schon vor zehn Jahren gestorben, der Tod traut sich bloß nicht, ihm Bescheid zu sagen!

Großtante Edelgard war 95 Jahre alt, als sie vor einer Woche morgens nicht mehr aufwachte. Sie konnte schon länger nicht mehr laufen und Mama dachte schon seit Jahren, dass jeder Besuch bei ihr der letzte sein könnte. Das setzte sie auch immer als moralisches Druckmittel ein, damit wir Kinder mitkamen: „Wenn ihr mal alt seid, wollt ihr auch Besuch bekommen und man weiß ja nie, ob wir Tantchen vor dem Himmel noch mal wiedersehen." Großtante Edelgard war die beste Kuchenbäckerin, die ich kannte. Ihr Apfelstreuselkuchen triefte vor Butter und war soooo lecker. „Sabber." Ich sah meine Großtante nur zweimal im Jahr und außer über ihren Apfelkuchen redeten wir über nicht viel. Umso verwunderter war ich darüber, was heute bei der Beerdigung geschah. Zu der mussten wir übrigens mitkommen. Zitat Mama: „Wenn ihr mal tot seid, wollt ihr auch, dass Leute zu eurer Beerdigung kommen." Ich sparte mir den Kommentar, dass es Toten wohl egal ist, wer zur Beerdigung kommt, da sie ja TOT (Hallooo!) sind.

Ich musste meinen Konfirmationsanzug anziehen. Der kratzt im Schritt und wenn der oberste Knopf am Hemd zu ist, dann bekomme ich fast Atemnot. Also ich war eher genervt von dem „Gelaage" (haha) und wartete sehnsüchtig auf das Kaffeetrinken danach. Irgendwie hoffte ich, dass Edelgard in weiser Voraussicht für ihre Beerdigung noch 20 Apfelstreuselkuchen eingefroren hatte.

Während der Ansprache des Pfarrers traf mich ein Satz mitten ins Herz: „Edelgard wird nie wieder einen ihrer Apfelstreuselkuchen backen, mit denen sie so vielen Menschen Freude gemacht hat. Diese Kuchen, diese Freude, diese Edelgard wird uns für immer fehlen." Ich merkte, wie sich auf einmal ein dicker Kloß in meinem Hals bildete. Ich checkte plötzlich, dass dieses Stück Mensch in der Kiste alles war, was von Edelgard übrig war. Ihre Geschichte war vorbei. Der Tod hatte sie geholt und ich würde niemals wieder in ihr strahlendes Gesicht schauen. Auf einmal kullerten mir Tränen aus den Augen. Natürlich versuchte ich mir unauffällig übers Gesicht zu streichen, um die Tränen zu verstecken. Ich weiß immer noch nicht so ganz genau, was mich so traurig gemacht hat, aber ich glaube, die einfache Erkenntnis: „Irgendwann landen wir alle in so einer Kiste." Als der Sarg zu einer furchtbar traurigen Musik von vier furchtbar traurig schauenden Männern aus der furchtbar bunt geschmückten Kapelle getragen wurde, hatte ich schon wieder Tränen in den Augen. Diesmal dachte ich darüber nach, welches wohl die nächste Beerdigung sein würde, bei der der Sarg so furchtbar traurig verschwinden würde!? Wie schlimm muss das sein, wenn dein bester Kumpel oder deine Geschwister sterben ... Der Tod ist ein Arschloch. Na, ist doch wahr: Der klaut einem die liebsten Menschen aus dem Leben und man kann nix dagegen tun.

Mit einer meiner Jungsgruppen aus der fünften und sechsten Klasse hatte ich geplant, zum Bestatter zu gehen. Die Kids fanden das alle sehr spannend. Anders als die Eltern, von denen zwei ihre Jungs sofort abmeldeten, weil das Thema zu „schwer" sei. Ich fand das schade und es zeigt einen heutigen Trend: Das Thema Tod wird oft ausgeklammert. **Das Leben wird gefeiert und der Tod gehört auf den Friedhof oder zumindest ins Altersheim.** Noch vor hundert Jahren gehörte Sterben viel mehr zum Alltag. Viele Kinder überlebten die ersten Wochen nach der Geburt nicht und die tote Oma lag auch schon mal noch einen Tag im Wohnzimmer, damit sich alle von ihr verabschieden konnten. Mannfred beschreibt sehr gut, wie hart der Tod sein kann. Und wie so oft gibt es keine befriedigenden Antworten nach dem „Warum". Während ich das schreibe, ist das Massaker im Jugendlager in Norwegen noch nicht lange her. Die Leben von 67 jungen Menschen sind innerhalb einer Stunde ausgelöscht worden. Der Tod überfordert uns, er ist nicht kalkulierbar, er nimmt keine Rücksicht, er zeigt uns, dass wir sterblich sind. Und doch kann ich sagen, ich habe keine Angst vor meinem eigenen Tod. Vermutlich hängt das mit meinem Glauben zusammen. Ich mag die christliche Idee, dass der Tod nicht das Ende ist. Ich mag die Aussage der Bibel, dass uns noch nicht mal der Tod von Gottes Liebe trennen kann (Römer 8,38). Natürlich weiß ich nicht genau, was nach meinem letzten Atemzug kommt. Aber ich glaube fest daran, dass ich danach Jesus treffen werde und dass ich an einem Ort sein werde, an dem kein Schmerz und kein Leid mehr sein wird. Die Aussagen der Bibel und einige Berichte von Menschen, die Nahtoderfahrungen[4] gemacht haben, ermutigen mich in dem Gedanken. Ich glaube, dass der Tod nicht hoffnungslos ist.

„Dieser Tag könnte dein letzter sein!", diesen Ausspruch benutzen Menschen, um Leute zu einer wilden Party oder etwas Verrücktem zu überreden. Und sie haben recht. Wenn mich gleich auf dem Rückweg von meinem Büro nach Hause der Lastwagenfahrer übersieht, dann bin ich vielleicht platt und tot. Wir sind nicht Chuck Norris, sondern ganz normalsterbliche Menschen. Mich motiviert die Einsicht, dass jeder Tag mein letzter sein könnte, allerdings nicht dazu, heute noch mal richtig zu saufen oder unbedingt Bungee-Springen zu gehen. Viel eher ermutigt sie mich dazu, meine Konflikte schneller zu klären. Wie doof wäre es, wenn mein Kumpel sterben würde und ich hätte einen Streit nicht geklärt. Wie blöd wäre es, wenn meine Eltern sterben würden, ohne dass ich mich mit ihnen aussprechen und versöhnen konnte.

Außerdem habe ich mir vorgenommen, meine „guten Vorsätze" nicht alle auf morgen zu verschie-

---

[4] Nahtoderfahrung bedeutet, dass die Menschen in einer Art Koma oder sogar kurzzeitig klinisch tot waren. Mehr zum Beispiel in dem Buch „Rückkehr von morgen" von George G. Ritchie oder „Den Himmel gibt's echt: Die erstaunlichen Erlebnisse eines Jungen zwischen Leben und Tod" von Todd Burpo. Diese Bücher berichten, wie Menschen, die kurzzeitig tot waren, Gott oder Jesus getroffen haben. Sie berichten von wunderbaren Gefühlen, hellen Lichtern und persönlichen Gesprächen mit Gott.

ben und meine Träume und Pläne anzugehen, bevor es „zu spät" ist.

Nicht, dass du mich falsch verstehst, ich mag das Leben sehr gerne und hoffe, sehr alt zu werden, aber das liegt nur zu einem kleinen Teil in meiner Hand (jaja, weniger Döner zum Beispiel ☺).

☞ Wie ist das bei dir? Glaubst du, dass es nach dem Tod weitergeht? Wie ändert das deine Einstellung zu deinem jetzigen Leben?

FAZIT: **Echte Kerle beschäftigen sich mit dem Thema Tod und wissen, dass sie ihr Leben nicht allein in der Hand haben.**

Angst!?

Ich sitze auf dem Klo. An sich nichts Ungewöhnliches, auch wenn ich mich nicht immer hinsetze. Allerdings sitze ich hier schon seit 15 Minuten. Ich habe Durchfall und Bauchweh. Das Problem ist, dass in gut einer Stunde die Theateraufführung unserer Klasse sein wird. Kacke, meine Magenprobleme kommen aber auch immer zur falschen Zeit. Vor der Matheklausur letztens hatte ich solche Magenkrämpfe, dass mich Frau Schmidt nach Hause geschickt hat. Und als ich Frauke letztens fragen wollte, ob wir zusammen eine Gruppenarbeit machen, hat mein Bauch so laut rumort, dass Domino gefragt hat: „Ey, hast du Döner mit alles gegessen?" Peinlich!

Oh nein, jetzt geht's schon wieder los.

Ein paar Minuten später. Ich habe es aus dem Klo rausgeschafft und hänge in Schräglaage (kein haha, mir ist nicht zum Lachen zumute) am Küchentisch. Meine Schwester Mathilda kommt rein. Die hat mir gerade noch gefehlt. „Du siehst ja scheiße aus!" Meine Schwester hat echt so die Stärke andere aufzubauen. „Was ist denn los, geht es dir nicht gut?", fragt sie nun sogar etwas besorgt. Mir ist jetzt eh alles egal und ich erzähle ihr von meinem Bauchweh und dem Theaterstück. „Mann Mannfred, du schaffst das. Komm, ich nehme mir die Zeit und geh mit dir zur Aufführung." Energisch packt sie mich am Arm und wir radeln zur Schule. Kurz bevor ich in der Umkleide verschwinde, sagt Mathilda noch: „Komm, Mannfred, du schaffst das. Kannst du denn deinen Text?" – „Text?", frage ich, verschwinde hinter der Bühne und lasse meine fragend blickende Schwester zurück. Meinem Bauch geht es besser und ich bin nur noch ein bisschen aufgeregt. Nach der Aufführung komme ich strahlend aus der Umkleide. Es hat alles bestens geklappt. Meiner Schwester scheint das Stück nicht gefallen zu haben, sie steht mit in die Hüften gestemmten Armen, rotem Kopf und ihrem Killerblick vor mir. „Das war jetzt nicht dein Ernst, oder?", schnauzt sie mich wütend an. „Was ist denn los, komm mal runter?!" Jetzt schreit meine Schwester förmlich: „Ich soll runterkommen, ja!? Nein! Ich habe zwei Stunden meiner wertvollen Zeit damit verbracht, meinem schwachköpfigen Bruder dabei zuzuschauen, wie er …", sie atmet tief durch, „einen Baum spielt. Keine Sprechrolle, keinen Text, nichts, was man groß falsch machen kann. Einen blöden, stummen Baum, der sich nicht von der Stelle bewegt." Ich stehe wie ein begossener Pudel da und schaue auf den Boden: „Ich hatte trotzdem Angst."

Warum gehst du nicht einfach so auf einen Löwen zu und steigst ihm ins Maul?

Warum springst du nicht, ohne nachzudenken, von jeder Klippe?

Warum traust du nicht jedem lieben Onkel, der dir Süßigkeiten anbietet?

Der Grund kann pure Vernunft sein, aber oft steckt vermutlich auch eine gewisse Portion Angst dahinter. **Angst ist erst mal ein sehr gesundes Gefühl.** Sie bewahrt uns vor vielen Dummheiten. Kleine Kinder haben in einer Lebensphase fast keine Angst, in dieser Zeit passieren auch die meisten Unfälle. Angst ist eine Schutzfunktion des Körpers. Angst kann ungeahnte Kräfte freisetzen. Was glaubst du, wie schnell du rennst, wenn ein Bär hinter dir her ist!? Wenn wir Angst haben, sind unsere Sinne geschärft und wir können sehr schnell reagieren.

Also halten wir fest: Angst ist ein gesundes Gefühl und Männer, die keine Angst haben, sind krank oder Chuck Norris. Und doch sehen wir an Mannfreds Beispiel, wie sehr Angst einen einschränken kann und dass Angst oft nicht rational erklärbar ist. Körperliche Nebenwirkungen von Angst können sein: Herzrasen, Durchfall oder Bauchweh, Übelkeit, Schluckauf, feuchte Hände, trockener Mund (wobei man die letzten beiden ja durch Lecken an den Händen ...☺),...

Jungs versuchen ihre Angst oft zu überspielen. Je lauter einer beim Gruselfilm die ganze Zeit coole Sprüche machen muss, desto mehr Angst wird er haben.

Ich habe bei meiner Umfrage die Männer auch nach ihren Ängsten gefragt und habe etwas Spannendes festgestellt: Alle kennen und haben Ängste.

Am besten fand ich übrigens die Antwort: „Ich habe Angst davor, dass Schalke Deutscher Meister wird." Auch Spinnen und Gewitter wurden genannt, doch hier die Top 3:
1. Angst vor dem eigenen Tod oder dem von Freunden / Familie
2. Angst zu scheitern / zu versagen
3. Angst einsam zu sein, keine Frau abzubekommen

Wenn man Angst hat, geht die Freude, die Leichtigkeit, das Vertrauen in sich selbst und andere verloren. Ein paar Beispiele von mir: Aus Angst sage ich nichts, wenn mein Kumpel gemobbt wird. Aus Angst frage ich andere nicht um Hilfe. Aus Angst, dass jemand lacht, erzähle ich nichts Persönliches. Aus Angst, dass der andere „Nein" sagt, frage ich nicht. Aus Angst, verlassen zu werden, lasse ich mich nicht auf eine tiefe Beziehung ein. Aus Angst, ausgelacht zu werden, gehe ich nicht nackt duschen. Aus Angst, einen Fehler zu machen, mache ich lieber nichts. Aus Angst, nicht gemocht zu werden, bin ich nicht ehrlich.

John Ortberg schildert in seinem Buch „Das Abenteuer, nach dem du dich sehnst" folgende Szene: Ein kleiner Junge steht am Beckenrand im Schwimmbad. Unten im Wasser steht sein Papa. Er hält die Arme ausgestreckt und ruft „Spring!" Der Junge ist unentschlossen: Soll er diesen für ihn großen Sprung in das kalte Nass, in dem er ertrinken kann, wagen? Oder soll er sicher am Beckenrand stehen bleiben? Die Entscheidung des Kindes wird seinen Charakter prägen. Wenn er seine Angst überwindet, wird das Zutrauen in seinen Vater steigen und er wird sich selbst als mutiger empfinden. Wenn er nicht springt, verpasst er die Erfahrung, dass er seinem Vater vertrauen kann. Er wird sich selbst als ängstlich empfinden und in Zukunft solche Situationen meiden.

☞ Die große Frage ist, wie gehst du mit deinen Ängsten um?

Hier ein paar Tipps von einem, der immer noch oft ein Angsthase ist:

⇒ Teste einfach mal Situationen aus, die du normalerweise meiden würdest. Ich verspreche dir, dass du in neun von zehn Fällen überrascht sein wirst, wie gut du damit zurechtkommst. Und selbst wenn es schiefgeht, wirst du dich gut fühlen, weil du deine Ängste angegangen bist.

⇒ Steh zu deinen Ängsten und rede darüber. Ja, ich weiß, das ist einfacher geschrieben als getan. Du musst sie ja auch nicht irgendjemandem auf der Straße erzählen. Überlege dir, welchem Freund, Mentor, Jugendleiter oder Familienmitglied du von deiner Angst erzählen könntest.

⇒ Such dir Mutmacher. Angst macht leider auch blind. Deswegen brauchen wir Menschen, die weiterschauen und die uns ermutigen. Menschen, die nicht nur sagen: „Du schaffst das", sondern die auch mit uns gehen, wenn wir „auf die Bühne" müssen.

⇒ Die häufigste Aufforderung in der Bibel lautet „Fürchte dich nicht". Nach einer Zählung des Autors Ogilvie steht dieser Zuspruch 366-mal in der Bibel. Für jeden Tag (inklusive Schalttag) einmal. Gebete können einem die Angst nehmen. Es ist wie bei dem kleinen Kind aus dem Beispiel: Man spürt, da ist ein Vater, der einen auffängt.

FAZIT: Echte Kerle dürfen Angst haben und sie auch zugeben. Sie stellen sich ihren Ängsten und suchen sich Mutmacher.

Sucht!?

Es ist drei Uhr nachts, meine Augen tun schon lange weh, Kevin und ich haben einen Colarausch. Mann, bin ich high. Ich schaue in Kevins Gesicht und in seinen Augen spiegeln sich die zuckenden Bilder von der Konsole. Seit dem frühen Abend sitzen wir schon vorm Bildschirm. Meine Mama würde das nie erlauben, aber wir sind bei Kevin. Da ist alles viel lockerer. Ich bin müde, habe Kopfweh und wollte eigentlich schon längst ins Bett, aber die Zeit vergeht wie im Flug. Kevins Paps kommt ins Zimmer. Er schwankt und man riecht seine Schnapsfahne schon aus zwei Metern Entfernung: „Na Paps, wieder zu tief ins Glas geschaut?", sagt Kevin locker, ohne vom Fernseher aufzuschauen. Kevins Papa nuschelt: „Ja, so hat jeder seine Sucht. Bei mir ist es die Flasche und bei dir dieses Ding Ding da. Diese Wieh oder Why. Und alle flüchten flüchten flüchten ..." Dann lässt sich Kevins Paps in den Sessel sinken und nach wenigen Sekunden hört man seinen gleichmäßigen Atem. „Ist dein Papa Alkoholiker?", frage ich Kevin. „Häh was?" Er schaut weiter gebannt auf den Bildschirm. „Ob dein Papa Alkoholiker ist?" – „Keine Ahnung. Aber willste auch 'n Bier? Wenn Papa einmal pennt, dann pennt er." Kevin steht auf und holt hinter einem Schrank zwei große Flaschen Bier hervor. „Papas geheimer Vorrat, den hab ich schon oft geplündert." – „Was, du trinkst öfters?", frage ich Kevin ungläubig. Er nickt. „Ja, zum Beispiel wenn ich Saskia bei Facebook anchatte, dann bin ich viel lockerer mit dem Zeugs hier." Kevin öffnet die Flaschen, schaut mich an und sagt: „Wer nicht auf Ex austrinkt, ist ein Mädchen!" Ich bin hin- und hergerissen. Eigentlich schmeckt mir Bier nicht, aber kneifen will ich auch nicht. Wir setzen beide die Bierflasche an den Mund und los geht's. Ich habe zwar schon ab und an mal Bier probiert und auf einer Klassenfahrt haben wir eine Sektflasche plattgemacht ... aber viel getrunken hab ich noch nie. Kevin ist mit seiner Flasche schon gleich am Ende, ich hab noch nicht mal die Hälfte. Oh Mann, schmeckt das bitter. Mein Schädel dröhnt und ich setze ab. Was für eine scheiß Idee. Kevin nimmt den letzten Schluck und knallt die Flasche auf den Tisch. Dass sein Papa ein paar Meter weiter schläft, stört ihn nicht. Er rülpst laut und sagt benommen: „Du Mädchen." Doch dann verändert sich seine Gesichtsfarbe, seine Augen werden größer und er schaut panisch umher. Aber er findet nicht schnell genug den Ort, den er bräuchte ... einen Kotzeimer. Die Details der nächsten Szene erspare ich uns. Auf jeden Fall wacht kurz nach Kevins „Übergabe" sein Papa auf, schaute auf den feuchten Fleck mit Stückchen vor seinem Sessel und sagt: „Oh, das ist mir aber schon lang nicht mehr passiert. Alkohol, du Wurzel allen Übels." Kevin schweigt und schaut schuldig drein. Ich boxe ihm leicht an die Schulter und sage:

„Na, wer ist jetzt das Mädchen von uns?" Ich denke keiner ... so hohle und sinnlose Aktionen machen Jungs.

Dass sowohl Kevins Papa als auch er selbst Probleme mit gesundem Konsum haben, ist kein Zufall. Kinder alkoholkranker Eltern haben ein vier- bis sechsfach höheres Risiko, irgendwann im Laufe ihres Lebens an Alkoholismus zu erkranken als Kinder nichtalkoholkranker Eltern. Sucht ist in den Bereichen Alkohol (80 Prozent der Betroffenen), illegale Drogen (65 Prozent der Betroffenen), Spielsucht (95 Prozent der Betroffenen), Sexsucht (80 Prozent der Betroffenen) und Computerspielsucht (90 Prozent der Betroffenen) dominiert von Männern.

Warum sind Jungs dafür besonders anfällig?

Die Autoren des Bestsellers „Kleine Helden in Not" beschreiben einen der Gründe so: „Betrunkene Jungen und Männer weinen, sie umarmen sich, sie grölen unbeschwert, sie kichern, oder sie werden brutal. **Was sie im nüchternen Zustand in sich hineinfressen oder sich nicht trauen auszudrücken, findet einen Weg nach draußen ...**"

Kevin deutet einen weiteren Grund an: Alkohol macht mutiger, Hemmungen fallen. Eigentlich schwach, wenn man zum Mutig-Sein Drogen braucht, oder!?

Kevins Papa spricht den Grund an, den ich von meinem eigenen suchtartigen Pornokonsum kenne: Flucht. Wir versuchen vor den Problemen oder dem langweiligen / anstrengenden Alltag zu flüchten. Aber wenn wir dann wieder aufwachen, sind die Probleme immer noch da und meistens noch größer geworden. **Den Durst in uns kann kein Konsummittel stillen.**

Folgende Aussage aus dem Buch „Nur für Jungs" von Tobias Faix und Ute Mayer finde ich sehr wahr: „Hinter jeder Sucht steckt eine Sehnsucht, jemand, der sich nach etwas sehnt, jemand, der nach etwas sucht, ein ungestillter Hunger – nach Zuneigung, nach Geborgenheit, nach Angenommensein."

Eine Wahrheit dürfen wir nicht vergessen: Zigaretten, Alkohol und Drogen sind tödlich. Jeden Tag sterben 374 Menschen an den Folgen von Tabakkonsum. Durch die Folgen von Alkoholerkrankungen entstehen dem Gesundheitssystem jedes Jahr Kosten in Höhe von zehn Milliarden Euro. **Jeglicher Drogenkonsum bei Jugendlichen in der Pubertät kann das Gehirn und das Wachstum in allen Bereichen deutlich schädigen.** Fazit: Drogen machen doof, arm, krank und impotent! Nein sagen ist cooler als mitmachen!

Interessant finde ich eine neue Erkenntnis der Suchtforschung: Wer bewusst genießen kann, der ist weniger anfällig für Süchte.

Eine Sucht ist eine Krankheit, bei der man die Kontrolle über seinen Konsum verloren hat. Man selbst merkt das oft erst viel zu spät. Wenn du den Verdacht hast, süchtig zu sein, oder andere dir das sagen, nimm diese Befürchtung ernst und such dir Hilfe. Hinten im Buch findest du Links zu verschiedenen Problemfeldern. Geh das Thema an, du hast es nicht nötig, süchtig zu sein.

FAZIT: Echte Kerle brauchen keine Suchtmittel, um zufrieden zu sein. Sie lernen ihre Grenzen zu respektieren. Sie holen sich Hilfe, wenn sie in Suchtgefahr sind.

HINWEISE AUF EINE SUCHT

⇒ Kontrollverlust. Du kannst deinen Konsum nicht mehr kontrollieren.

⇒ Rückzug aus dem normalen Leben, von Freunden und von der Familie.

⇒ Gefährdung schulischer Leistungen, des Arbeitsplatzes oder des eigenen Körpers.

⇒ Verharmlosung des Konsums und Rechtfertigung des Verhaltens.

⇒ mehrmaliges Bemühen damit aufzuhören und regelmäßige Rückfälle.

⇒ mehrere Menschen weisen dich auf einen auffälligen Konsum hin.

⇒ Selbstmordgedanken, wenn man den Konsum nicht lassen kann.

KAPITEL 9
WIE ECHTE KERLE DIE WELT RETTEN!?

Es ist einer dieser kühlen und viel zu nassen Herbsttage. Die Herbstferien sind gerade ein paar Tage vorbei und die Weihnachtsferien noch Lichtjahre entfernt. Das Aufstehen heute Morgen war eine Qual. Ich stehe an der Bushaltestelle und Timo und ich tauschen die neusten Chuck-Norris-Witze aus: „Chuck Norris hat den Niagara Fall gelöst und die Formel 1 ausgerechnet!" – „Chuck Noris kann, ohne eine Frage zu beantworten, ein Sandwich bei Subway bestellen." Wir lachen laut. Am Ende der Straße sehe ich den Bus näher kommen, na endlich. Timo setzt gerade zu einem neuen Witz an: „Chuck Norris kann grillen ..." Mehr höre ich nicht, denn ich erstarre und die nächsten drei Sekunden laufen wie in Zeitlupe ab. Der Bus biegt gerade mit ordentlich Speed in die Bushaltestelle ein. Aus dem Augenwinkel sehe ich, dass die Frau rechts neben mir laut telefoniert. Aber irgendetwas stimmt nicht, denn gerade eben stand noch ein großer Kinderwagen vor ihr. Da sehe ich ihn. Der Kinderwagen rollt geradewegs auf die Straße zu. In fünf Metern wird der Bus ihn erwischen. Meine Gedanken rasen. Und ich renne und springe. Ich habe keine Ahnung, woher mein Mut und meine Kraft kommen, aber sie sind da. Ich renne vor den Bus und springe auf den Kinderwagen. Kurz denke ich, dass er unter meinem Gewicht zusammenbrechen wird und ich das Baby erschlage, aber er hält. Der Kinderwagen bekommt Schwung. Ich hänge mit meinem Bauch auf ihm drauf und meine Beine fliegen durch die Luft. Ahhh ... mich durchzuckt ein Schmerz.

Der Bus hat meinen Fuß erwischt. Ich falle auf den Boden und der Bus kommt einige Meter hinter der Stelle, an der der Kinderwagen gestanden hat, zum Stehen. Die laut und hysterisch schreiende Mutter rennt um den Bus, läuft zum Kinderwagen und holt vorsichtig ein kleines Baby heraus, das munter vor sich hinbrabbelt. Der Busfahrer schaut schockiert aus dem Fenster. Jetzt kommt Timotheus um den Bus gelaufen und kniet sich neben mich: „Alles okay?" Ich nicke. „Aber der Bus hat meinen Fuß erwischt. Tut weh." Während Timotheus mein Hosenbein hochzieht, kommt die Mutter auf mich zugelaufen und drückt mich an ihre große Brust. „Ein Engel. Du bist ein Engel." Die Vorstellung, dass ein verschlafener, pickeliger, etwas übergewichtiger Teenie ein Engel sein sollte, passt nicht so ganz in mein Bild von Engeln. Außerdem ist Engel nicht gerade das, was man als 15-Jähriger als Lob empfindet, aber das ist mir in dem Moment egal. Mittlerweile kniet ein Mann neben meinem Bein, der sagt, er sei Arzt. Er tastet mein Bein ab und meint: „Scheint nicht gebrochen zu sein. Wäre trotzdem besser, wenn man das röntgen würde." Die Mutter hat mich inzwischen losgelassen und schaut mir ins Gesicht: „Danke. Du warst so mutig. Du bist ein echter Held." Ich werde rot und weiß auch nicht, was ich sagen soll. Das Ganze wird dann noch aufregender, als die Polizei erscheint und wir alle befragt werden. Irgendjemand hat meine Mum angerufen und wir fahren zusammen ins Krankenhaus zum Röntgen. Da es (leider) nur eine Prellung ist, fährt meine Mama mich dann gleich weiter zur Schule. Die Reli-Stunde hat gerade begonnen und als ich in die Klasse komme, passiert das Unglaubliche. Meine Klassenkameraden klatschen. Das haut mich um. Ich bin ja nicht unbeliebt in der Klasse, aber ich bin halt einer der Ruhigeren, die sich hinter den „Stärkeren", wie Kevin, verstecken. Ich setze mich und Kevin haut mir auf die Schulter: „Du machst ja Sachen, ey. Darf ich dich jetzt Chuck nennen!?" Herr Fromm stellte sich vor mich: „Mannfred, wir haben von Timotheus und Frauke gehört, was du heute Morgen getan hast." Frauke? Oh Mann, ja, sie muss im Bus gesessen haben. Wieso habe ich sie nicht gesehen? „Das war sehr mutig von dir." Dann wendet er sich an die Klasse und alle wissen, dass jetzt eine seiner Reden folgt. Herr Fromm ist nämlich ehrenamtlich im Stadtrat und benutzt uns als Testpersonen für seine Reden: „Liebe Schüler, genau solche Menschen wie Mannfred braucht unser Land. Menschen, die nicht wegschauen, sondern hinschauen und anpacken. Deutschland braucht keine Wutbürger, sondern Mutbürger ..." Und so weiter. Nach der Stunde stehen viele Mitschüler um mich herum und wollen alles ganz genau wissen. Frauke kommt und legt mir ihre Hand auf die Schulter. Etwas zu schnell und zu vorwurfsvoll frage ich: „Warst du heute Morgen auch im Bus? Wieso bist du denn nicht rausgekommen?" Frauke schaut verdutzt. Und ich könnte mir selbst in den Hintern beißen, dass ich das gesagt hatte. „Der Busfahrer hat gesagt, alle sollten im Bus bleiben. Ich habe dich durch die Scheibe gesehen. Aber du hattest ja wohl nur Augen für die Brust der Mutter!?", sagt sie mit einem frechen Unterton. Ich kann mal wieder nix erwidern. „Egal, ich bin stolz auf dich", sagt sie und gibt mir einen Kuss auf die Wange. Wolke sieben, ich koooomme! Ich muss morgen auch wieder jemanden retten. Irgendjemanden! Mann, fühl ich mich lebendig!

Beim Abendessen ist mein Unfall, wie meine Mutter es nennt, natürlich auch Gesprächsthema. Tante Emma ist zu Besuch und anstatt mich zu loben, sind sich Mama und sie einig, dass das schon sehr gefährlich und unvernünftig gewesen ist. Ich krieg die Krise. Tante Emma setzt dann noch eine ihrer furchtbaren Fragen drauf: „Mannilein, was willst du denn werden, wenn du dann mal groß bist? Vielleicht wäre Stuntman ja etwas für dich." Eigentlich hat sie die Frage ja mir gestellt, aber trotzdem hat jeder aus meiner Familie nun etwas dazu zu sagen.

Mama: „Nein, Stuntman ist nix für unseren Kleinen. Arzt, das fände ich toll. Leuten helfen, Manni, das tust du doch gerne? Und da verdient man auch gut. Aber deine Noten ... die müssen besser werden."

Moritz: „Ich finde, er sollte Panzerfahrer werden. Dann kann ich immer mitfahren und wir machen unsern blöden Nachbarn platt."

Mathilde: „Tänzer, wie wäre es denn damit? Das kannst du doch so gut?"

Papa: „Ich könnte dir sicher eine Ausbildungsstelle bei uns in der Bank vermitteln. Das ist was Solides mit Zukunft."

Ich bin endlos genervt und sage: „Danke für eure Ideen. Im Moment plane ich katholischer Schweigemönch in Ostkurdistan zu werden. Fernab meiner Familie."

Abends liege ich in meinem Bett. Was für ein Tag! Ich frage mich, warum ich das heute Morgen gemacht habe? Woher kam der Mut? Und ich hätte auch echt sterben können. Wäre es das Leben des Babys „wert" gewesen? Ich denke an Fraukes Kuss und muss grinsen. Mut scheint Frauen anzuziehen. Ich frage mich, was ich noch so Mutiges machen könnte?

Auch die Frage nach meiner beruflichen Zukunft hängt mir noch nach. Früher wollte ich mal Gabelstapler-Fahrer werden, weil Onkel Chris in dem Job gearbeitet hat. Dann, in meiner „Dino-Phase", wollte ich Archäologe werden und Dino-Skelette ausbuddeln. Und mein neuster Plan ist es, Rockmusiker zu werden. Mann, stell dir mal vor, du entscheidest dich für einen öden Job. Dann sitzt du wie mein

Paps 40 Jahre bei einer Bank, bekommst einen dicken Po und trinkst zu viel Kaffee. Und als Rentner stirbst du beim Gartenzwergaufstellen an Herzversagen. Dafür bin ich doch nicht auf der Welt, oder!?

MUT

„Die höchste Tugend ist der Mut, denn alle anderen Tugenden hängen von ihm ab", sagte Winston Churchill einmal. Und das stimmt. Ehrlichkeit, Liebe, Glauben ... das alles braucht unseren Mut. Mannfred hat Mut bewiesen. Er hat sich selbst in Gefahr gebracht, um jemand anderen zu retten. Mut kann am besten dann entstehen, wenn wir uns sicher fühlen. Wenn ich einen guten Tag habe und mich selbst richtig dufte finde, dann bin ich mutiger. Wenn ich meine Freunde dabeihabe, bin ich mutiger. Und ich finde mich mutiger, wenn ich genau weiß und spüre, dass Gott bei mir ist. Es gibt heute teilweise sehr komische Definitionen von Mut: ein Mädchen ins Bett kriegen, eine Flasche Wodka trinken, auf einem fahrenden Zug stehen, einen Lehrer in der Schule heimlich filmen oder auf der Straße alte Omas schubsen – soll das mutig sein? So ein Quark. Nichts davon macht dich zum Helden oder Mann. Solche Mutproben werden oft sogar durch Angst motiviert. Die Angst davor, nicht dazuzugehören oder nicht geliebt zu werden. **Der Antrieb für Mut sollte aber nicht Angst, sondern Liebe sein.** Liebe zu anderen Menschen.

Wirklich mutig ist der Junge in der Schule, der

nicht mitmacht, wenn alle das eine „Opfer" mobben, und der sogar Stellung für ihn bezieht. Wirklich mutig sind die vielen Menschen auf der Welt, die mutig Ungerechtigkeiten angesprochen haben und deswegen sogar gestorben sind.

Mut bedeutet, auch mal gegen den Strom zu schwimmen. Mutige Menschen sind oft nicht gerade die beliebtesten. **Ich bin oft zurückhaltend, weil ich befürchte, meinen guten Ruf zu verlieren.** Und es kostet mich Mut, so manchen Gedanken dieses Buches auch vor meinen Kumpels auszusprechen. Aber was habe ich wirklich zu verlieren?

☞ Was hindert dich ganz persönlich daran, mutiger zu sein? Wo brauchst du gerade Mut?

Wie sieht das mit Gott und dem Mut aus?

Man kann auch ohne Gott ein „mutiger Kerl" sein. Mir persönlich hilft Gott aber dabei. „Sei mutig und entschlossen! Lass dich nicht einschüchtern, und hab keine Angst. Denn ich, der Herr, bin bei dir, wohin du auch gehst", dieser Mutmacher steht im ersten Kapitel des Buches Josua in der Bibel. Wer an Gott glaubt, der ist nie allein. Und zu zweit ist man oft mutiger. Ich wäre gerne mutiger, denn eigentlich weiß ich, dass ich nichts zu verlieren habe. Gott, hilf mir!

FAZIT: Echte Kerle sind mutig.

Passivität vs. Begeisterung

Ich sitze da und sage nichts. Ich schweige meine Frau an, die gerne wüsste, wie es mir geht. Ich sage nichts, wenn neben mir ein Mädchen geärgert wird. Ich gehe nicht an die Tür, wenn es klingelt. Ich wehre mich nicht, wenn mich jemand unfair beschimpft. Es gibt diese Momente und ich hasse sie, in denen ich nichts tue und mich tot stelle und mich innen drin auch so fühle. Diese Passivität hat nichts mit einem Bedürfnis nach Stille zu tun oder damit, dass ich ein ruhiger Typ wäre. **Es ist eher wie eine Lähmung.** Computer und Fernsehen verstärken diese Lähmung oft noch. Es ist eine Art Rückzug aus der Welt, die mir irgendwie zu anstrengend ist. Erstaunlich viele Männer kennen dieses Gefühl. Ich wiederhole meinen Satz aus dem ersten Kapitel: **„Diese Welt braucht lebendige Männer."** Wo finden wir die? Schau in die Gesichter von Fußballfans im Stadion. Sieh dir einen verliebten Jungen an, dem ein Mädchen positiv auf seinen Liebesbrief geantwortet hat. Schau in das Gesicht eines Musikers auf der Bühne. Denke an das Gesicht eines frischgebackenen Vaters. Schau in das Gesicht eines Jungen, nachdem du ihn gelobt hast. Sieh zwei Technikfreaks zu, wie sie ein neues Gerät ausprobieren. Blicke in das Gesicht eines Jungen, der eine spirituelle Erfahrung gemacht hat.

Männer stecken voller Leben und Begeisterung.

Diese Lebendigkeit wird uns aber oft genommen oder wir lassen sie uns nehmen. Zum Beispiel durch die Last der Verantwortung, Leistungsdruck, Verletzungen, Angst vor dem, was die andern denken, zu hohen Erwartungen von Frauen, Langeweile, oder den Mangel an Herausforderungen. Das falsche Bild von Coolheit. Die eigene Faulheit. Keine Frustrationstoleranz. Keine motivierenden Menschen und Vorbilder in meinem Umfeld. Süchte (Alkohol, Spielsucht, ...).

Was sollen Frauen mit halbtoten Männern? Was soll unsere Gesellschaft mit denen anfangen? Welche Vorbilder haben unsere Kids? Wie sollen wir uns selbst gut finden?

Auch wenn mir als Pazifisten das Wort nicht gefällt: Wir müssen kämpfen.

Wie sieht das mit Gott und der Begeisterung aus?

„Ich bin gekommen, um ihnen Leben zu bringen." Der Glaube hatte niemals das Ziel, langweilig zu sein. **Gott ist ein zutiefst lebendiger Gott.** In der Bibel gibt es einen Bericht, in dem Jesus einen mehrere Tage toten Mann wieder zum Leben erweckte. Er war schon so lange tot, dass er bereits stank. Und Jesus machte ihn lebendig.

☞ In welchem Bereich deines Lebens fühlst du dich abgestorben? Ganz egal, ob es schon stinkt – Jesus kann etwas verändern.

FAZIT: Echte Kerle sind nicht passiv, sondern lebendig.

KAMPF

Kämpfen finden Jungs meistens gut. Aber die Frage ist: Wofür kämpfen wir?

Viele Männer auf der Welt kämpfen meiner Meinung nach für falsche Ideale: für ihre Religion, um die nächste Frau im Bett, für viel Geld, für ihr eigenes Ansehen, für Punkte bei World of Warcraft, für einen Diktator, um das Lob ihres Vaters. Dabei setzen sie oft Gewalt, Waffen oder ihre Ellenbogen ein. Um so eine Art Kampf geht es mir hier nicht.

Ich glaube, es lohnt sich, dafür zu kämpfen, dass unser Herz lebendig bleibt und „gut" wird. Deswegen ist es so wichtig, sich den Fragen nach unseren Verletzungen, unserem Wert und unseren Sehnsüchten zu stellen. **Deswegen ist es gut, nicht jeden Scheiß dieser Welt mitzumachen** und mutig „Nein" zu sagen zu Sachen, die uns kaputt machen.

Solange wir auf dem Sofa sitzen, uns hinter sinnlosen Hobbys verstecken oder nur noch für die Schule / das Studium / die Arbeit leben, wird unser Herz verkümmern. Kämpfer müssen bereit sein, Opfer zu bringen. Für mich heißt das, mir meine verletzenden und verletzten Macken ehrlich anzuschauen, für mich hieß das, einen besser bezahlten Job hinter mir zu lassen, für mich heißt das, mit Leuten zu reden und nicht über sie, für mich heißt das, zu formulieren, was ich will.

☞ Was heißt „für dein Herz zu kämpfen" für dich?

Mir fallen viele Bereiche und Menschen ein, die es dringend bräuchten, dass lebendige Menschen anfangen für sie zu kämpfen.

- ⇒ Sarah aus deiner Klasse, die gemobbt wird
- ⇒ Ali, der als Ausländer diskriminiert wird und keine Freunde findet
- ⇒ Tom, der ohne seinen Vater aufwächst
- ⇒ Maria, die in Afrika verhungert
- ⇒ Abhy, der in Indien nicht zur Schule gehen kann
- ⇒ Frau Meier im Altersheim, die keiner besucht

Denn eine Wahrheit müssen wir Männer lernen: **„Es geht hier nicht allein um dich."**

Im Film *Königreich der Himmel* hängt ein Schild über Balians Schmiede: „Was für ein Mann ist ein Mann, der nicht die Welt verbessert." Ich sage: „Kein Mann!"

Dabei kannst du allein nicht die Welt retten. Fang einfach mit einer Person oder einem Thema an. Genau wie bei einem echten Kampf brauchst du ein Ziel (zum Beispiel 100 Euro für Abhy sammeln), einen Plan (bei allen Nachbarn klingeln), Mitstreiter (Timo fragen), Waffen (Spendendose, Bild von Abhy, saubere Kleidung), Durchhaltevermögen („Wir geben nix, verpisst euch, sonst lass ich den Hund raus.")

☞ Für welchen Menschen, welche Gruppe willst du dein kuscheliges Sofa verlassen?

Und schließlich gilt es den vielleicht schwersten Kampf zu kämpfen, den um das Herz einer Frau. Dabei meine ich nicht nur die erste Eroberung, sondern auch den Kampf, der nach der Verliebtheitsphase ansteht. Ich kann schmerzlich schreiben, dass das nicht leicht ist. Ein Kampf gegen all deine kritischen Gedanken, gegen ihre Selbstzweifel, gegen deine Zweifel an ihr, gegen den öden Alltag, gegen deine verletzenden Muster. **Aber das Herz einer Frau ist diesen Kampf wert.**

Wie sieht das mit Gott und dem Kampf aus?

Bei Gott und Kampf denken wir schnell an Kreuzzüge und religiöse Terroristen. Das ist gar nicht gut!

„Lass dich von ihnen ermutigen, den guten Kampf zu kämpfen", schreibt Petrus an Timotheus (1.Tim 1,18). In den Star-Wars-Filmen gibt es die „dunkle Seite der Macht". Sie bezeichnet die Kräfte des Bösen. Auch die Bibel kennt diese böse Macht (Epheser 6,12) und sie fordert uns auf, durch das „Tun des Guten" dagegen anzukämpfen. Bei jedem Kämpfer bleibt die Frage: „Für wen oder was kämpfe ich?" Jesus bezeichnet sich selbst als „König der Wahrheit" (Johannes 18,37). Mich begeistert die Idee, für einen König der Wahrheit und für sein „Reich" unterwegs zu sein. Und zwar ganz ohne Waffen, Bekehrungsdruck oder Machtmissbrauch, **sondern einfach mit dem bisschen Liebe, was ich habe**. Den Rest muss Gott schenken. Jeden Tag erlebe ich, dass mein Liebestank für mich und andere zu leer ist. Und die beste Tankstelle, die ich gefunden habe, ist der König Jesus.

FAZIT: Echte Kerle sind bereit, für das Gute in sich und in der Welt zu kämpfen.

GELIEBT UND LIEBEN

Ein Kämpfer ohne Liebe wird zur Kampfmaschine. **Der Kämpfer braucht das Gefühl der Liebe.**

Vielleicht hat dich der Kämpfer-Abschnitt angesprochen und du hast richtig Lust loszulegen, aber Aktivismus allein macht noch lange keinen Mann aus.

Wie kann man die Liebe entdecken, kann man das lernen? Albert Frey berichtet in seinem Buch „Für den König" von einem Experiment: „Nimm ein Blatt und schreibe alles auf, was du liebst." Okay, das mach ich mal:

⇒ „Ich liebe den Moment im Flugzeug, wenn man startet. So viel Kraft!"
⇒ „Ich liebe es, nach dem Sport heiß zu duschen."
⇒ „Ich liebe es, wenn meine Frau sich an mich kuschelt."
⇒ „Ich liebe es, mit einem guten Freund Sprüche zu klopfen und dann doch tiefgehend zu reden."
⇒ „Ich liebe Sonnenuntergänge am Wasser."
⇒ „Ich liebe Döner und ein Bier dazu nach Feierabend."
⇒ „Ich liebe das Vorbild in Jesus, das so stark, so verletzlich und so liebend ist."
⇒ „Ich liebe Filmszenen, in denen echte Helden siegen."

☞ Wie sieht deine Liste aus?

Albert Frey berichtet, dass er das Experiment auf einem Männerseminar durchgeführt hat und dass er erschrocken war, wie wenig vielen Männern eingefallen ist. Es scheint so, als ob das Herz des Liebenden in vielen von uns verschüttet wurde.

Am stärksten habe ich den Liebenden in mir entdeckt, als ich frisch verliebt war. Was tut man da nicht für verrückte Sachen, wie sehr ist man bereit sich zu investieren! Eine tolle Zeit. **Frauen schaffen es auf geheimnisvolle Weise, die vermeintlich „weiche Seite" in uns anzusprechen.** Das merkt man zum Beispiel auch an Mannfred, der bei seinen Gedanken an Frauke richtig ins Schwärmen kommen kann.

Die Liebe zu einer Frau kann unsere Liebesfähigkeit beflügeln, aber sie kann sie auch abtöten. Nämlich dann, wenn wir von einer Frau verlassen und verletzt werden. Wenn ich mein Herz einmal verschenkt und es beschädigt zurückbekommen habe, werde ich es nur noch mit einer Schutzmauer drum herum verleihen oder vielleicht auch gar nicht mehr. **Doch Liebe ist ein Wagnis, ein Risiko und sie funktioniert nicht ohne unser Herz.**

Albert Frey schreibt in seinem Buch: „Der Liebende muss zuerst der Geliebte sein."

Mir fällt das echt schwer. Ich bin doch der große starke Held, der anderen etwas gibt. Innerlich denke ich heimlich: Ich habe die Liebe anderer doch gar nicht nötig. Doch das ist eine Lüge! Menschen sagen mir, dass es schwer sei, eine intensive Beziehung zu mir aufzubauen. Und ich denke, „Ja, es ist schwer, eine kalte Mauer zu lieben." Wenn die Menschen um uns herum nur eine kalte (also coole) Mauer spüren, dann werden sie es schwer haben, uns zu lieben. Liebe muss angenommen werden. Wir müssen kapitulieren und ehrlich sagen: „Ja, ich will wissen, dass ich so, wie ich bin, geliebt werde." Das will nicht nur der kleine Junge wissen, der heulend fragt: „Papi, hast du mich lieb?" **Auch ich will tief in mir nur eins: geliebt werden.** Erst wenn wir das ehrlich zugeben, kann die Liebe anderer Menschen und wenn wir möchten, die Liebe Gottes unser Herz erreichen. Deswegen sind die Themen „Schwäche" und „Emotionen" (siehe Kapitel 1) so wichtig.

Ein paar Tipps, wie man zum Liebenden wird
- ⇒ Liebe das Kleine. Versuche auf kleine Liebesbeweise zu achten.
- ⇒ Entdecke die Kunst (Musik, Schreiben, Malen), das rührt die romantische Seite in uns an und macht uns offen für die Schönheit.
- ⇒ Liebe Sachen an dir selbst. Du darfst dich selbst gut finden.
- ⇒ Lerne Gutes und Schönes zu genießen. Iss eine Praline mal gaaaanz langsam oder halt an, wenn du etwas Schönes siehst.
- ⇒ Lass dich lieben. Leg deine coole Überheblichkeit ab und lass Liebe an dein Herz.
- ⇒ Verschenke Liebe. Ein Lächeln im Supermarkt, ein Kompliment, eine Tat, eine Stunde Zeit, eine liebevolle Berührung.
- ⇒ Pflege und verarzte die Wunden deines Her-

zens. Vergebung und Neuanfänge sind möglich.

Wie sieht das mit Gott und der Liebe aus?
Gott liebt nicht nur jeden Menschen und er ist auch nicht nur der „liebe Gott". Gott ist DIE LIEBE, so steht es in der Bibel im 1. Johannesbrief 4,8. **Er will uns lieben.** Er hat aus Liebe die Welt und dich geschaffen.

Auch hier ist Jesus ein Vorbild für mich. Er war ein Liebender. „Jesus überrascht uns, indem er Liebe vor Gerechtigkeit stellt. Er nimmt Einzelne heraus, schaut sie an, gewinnt sie lieb", schreibt Albert Frey in seinem Buch „Für den König". Jesus hat einen Lieblingsjünger, er genießt es, ein sauteures Öl über die Füße gegossen zu bekommen, er nimmt sich Zeit für einzelne Kinder, ...

FAZIT: Echte Kerle können lieben, weil sie geliebt sind.

VERANTWORTUNG

Der kleine Hobbit bekommt einen Dolch, der Krieger Balian ein Schwert, Harry Potter einen besonderen Zauberspruch, die Jünger in der Bibel den Heiligen Geist, ... Irgendwann wird es für die Helden immer ernst. Sie bekommen etwas Kostbares verliehen, mit dem sie nun gut umgehen müssen, das ihnen helfen wird, ihr Leben besser zu leben oder sogar Leben zu retten. Leider bekommen wir heute selten Schwerter oder Zaubersprüche, aber wir bekommen, wenn wir älter werden „Verantwortung". Entweder bekommen wir sie von unseren Eltern oder unseren Leitern übergeben, oder wir bekommen sie einfach, weil wir älter werden. Zum Beispiel bist du mit 18 Jahren strafmündig und stehst in der Verantwortung, eine Regierung zu wählen. Ich glaube, dass ist einer der wichtigsten Unterschiede zwischen einem Jungen und einem echten Kerl, dass der Kerl bereit ist, Verantwortung zu übernehmen. **Immer mehr Männer scheinen vor Verantwortung zu flüchten, als wäre sie eine ansteckende Krankheit mit Genitalausschlag.**

Sätze wie „Ja, ich stehe zu meinem Kind", „Ja, ich habe einen Fehler gemacht, ich werde versuchen, den Schaden wiedergutzumachen", „Ich steh zu dir, auch wenn es schwierig ist", „Ja, ich kümmere mich drum", „Nein, ich mache bei der krummen Nummer nicht mit", „Ja, ich treffe jetzt eine Entscheidung" oder „Mami, ich ziehe jetzt (mit 35) aus" sind selten geworden.

Meiner Ansicht nach gibt es zwei Gründe, warum wir uns vor Verantwortung drücken.

Erstens, weil das Ganze Arbeit bedeutet und wir einfach zu faul sind. Gechillt jeden Tag eine DVD schauen, masturbierend vorm PC hängen, sich total in ein sinnfreies Hobby vertiefen, Sprüche machen, usw., das ist doch viel einfacher. Stimmt, aber es ist auch kindisch, unreif und feige.

Zweitens haben wir Angst, etwas falsch zu machen. Wer Verantwortung übernimmt, der steht in der Gefahr, Fehler zu machen. Der Spruch: „Wer nix macht, macht nix falsch" klingt cool, ist aber ganz einfach nicht richtig. Nenn mir einen einzigen Filmhelden, der dadurch zum echten Helden wurde, dass er nix getan hat! Ein krasses Beispiel: Zu Hitlers Regierungszeit haben viele Menschen nix gemacht. Mit grausamen Folgen.

Mich ärgert es, wenn Leute zum Beispiel immer nach den Fehlern von Politikern suchen. Diese Menschen übernehmen Verantwortung, sie treffen Entscheidungen und ganz viele sind sicherlich falsch, aber sie unternehmen zumindest etwas und versuchen es.

Was viele Politiker noch lernen müssen, ist ihre Fehler dann auch einzugestehen, denn auch das gehört zur Verantwortung. **Ich persönlich hasse es, Fehler zuzugeben**, aber es bewahrt mich davor, meine Verantwortung zu missbrauchen.

Verantwortung zu übernehmen kann man im Kleinen üben: Pflege eine Pflanze, sei für ein Haustier verantwortlich, übernimm ein kleines Amt im Verein, geh zur Wahl, entschuldige dich bei jemandem, sorge für Frieden zwischen zwei Leuten, kümmere dich um deine Ziele, steh zu deiner Aussage, geh gut mit dem Herzen einer Frau um, ...

Wie ist das mit Gott und der Verantwortung?

Auch hier komme ich an Jesus nicht vorbei. Er hat Verantwortung übernommen, und zwar als er am Kreuz hing. Genau deswegen haben wir die Chance, bei Gott Fehler zu machen. Er ist kein schreiender Vater, der uns schimpft, sondern er schaut uns vielleicht streng an, nimmt uns dann aber in seine

Arme. Wenn ich in meinen Verantwortungsbereichen Fehler gemacht habe, dann bete ich, dass Gott mir vergibt und dass er aus meinem „Schrott etwas Tolles zusammenbastelt".

FAZIT: Echte Kerle sind bereit, Verantwortung zu übernehmen

Beruf

Als Kind haben wir, wie Mannfred, immer tolle Ideen, was wir werden wollen. Meistens sind es unsere Väter, Brüder oder Vorbilder, deren Jobs wir cool finden. Ich wollte früher Lehrer werden (der Job meines Papas). Dann wollte ich Pfarrer werden (der Job meines Bruders). Das habe ich bei der Beerdigung des Goldfischs meines Kumpels auch schon gut geübt. Dann wollte ich Missionar werden, weil ich da so ein cooles Buch gelesen hatte. Nachdem ich Papas Videokamera entdeckt und gecheckt hatte, dass es schwierig ist, vor die Kamera zu kommen, wollte ich gerne Kameramann werden. Dazwischen kamen natürlich die Wünsche Fußballer, Feuerwehrmann und Sportreporter.

Interessant ist bei mir, dass mein heutiger Job als Jugendreferent eine Mischung aus Lehrer, Pfarrer und auch ein bisschen Missionar ist. Und in meinem ersten Job habe ich als Kameraassistent gearbeitet. Vielleicht ist das Zufall – oder aber **in mein Herz waren schon immer bestimmte Wünsche und Gaben hineingelegt**. Ich glaube, du kannst deine kindlichen oder jugendlichen Berufswünsche ernster nehmen, als wir so denken. Und viele Berufswünsche kann man ja auch in seiner Freizeit umsetzen: Freiwillige Feuerwehr, Fußballtrainer (halt in der F-Jugend vom TUS Laage anstatt bei Schalke), Musiker in einer Band, ... Und lass dir nicht einreden, dass deine Berufswünsche „unmöglich" seien. Allerdings: Träumen allein bringt nix. Man muss auch etwas dafür tun, dass diese Träume wahr werden. Im Fußballverein meiner Heimatstadt gab es einen Jungen, der sehr gut war und der echte Chancen hatte, in die Jugend des 1. FC Kaiserslautern zu kommen. Oft sah ich ihn mit seinem Vater auf unserem Sportplatz Extra-Trainings machen. Dabei forderte sein Vater alles von ihm. **Seine Träume zu verwirklichen kostet etwas.** Immer wieder bewundern Leute, dass ich ein Buch geschrieben habe und Autor bin. Die vielen einsamen Stunden, das verzweifelte Sitzen vor der weißen Word-Seite, manche Zwölf- bis Vierzehnstundentage, frühes Aufstehen, das Leben mit dem Abgabetermin im Nacken, kritische E-Mails ... das ist die andere Seite. Ich will dir Mut machen, dich über deinen Traumjob zu informieren. Sprich mit Leuten, die den Job haben, mach ein Praktikum, informiere dich im Internet oder bei der Berufsberatung. Oft treffe ich Jungs, die keinen Plan haben, was sie werden wollen. Hier kann ein Stärkentest bei der Berufsberatung oder noch besser eine professionelle Beratung (z.B. bei X-Pand oder KIWI, Webadressen hinten im Buch) helfen. Ich persönlich halte es übrigens für viel wichtiger, dass du einen Job findest, in dem du zufrieden bist, als dass du viel Geld verdienst. Gerade im sozialen Bereich (Grundschullehrer, Erzieher, Sozialarbeiter) werden Männer gesucht (und es gibt viele nette Mädels als Kolleginnen ;-)).

FAZIT: Echte Kerle machen sich Gedanken über ihren Berufswunsch und nehmen ihr Herz dabei ernst.

WISSEN, WAS MAN WILL

Ich stehe bei Subway und kaufe mir ein Sandwich. Welches Brot? Welche Soße? Welcher Belag? Welche Größe? Warm oder kalt? Einpacken? Cola dazu? Füttern oder selbst essen? Extra scharf (ach nee, das war beim Döner ...)? Ahhh, zu viele Entscheidungen. Entscheidungen zu treffen ist total wichtig, aber auch anstrengend.

Beim Autofahren muss man auch dauernd Entscheidungen treffen wie zum Beispiel: Fahre ich links, geradeaus oder rechts? In diesen Momenten ist es eine sehr große Hilfe, wenn man überhaupt weiß, wo man hinwill. Wenn ich das nicht weiß, werde ich ziellos umherirren. Wenn ich mein Ziel kenne, ist die Wahrscheinlichkeit, dass ich auch dort ankomme, wesentlich höher. Im Auto habe ich ein Navi, das mir (meistens) hilft. Und im echten Leben? **Wir brauchen Ziele, damit wir wissen, wo wir hinwollen.**

☞ Was ist dein Ziel im Leben, was ist dein nächstes Zwischenziel? Und wie willst du das erreichen?

Ein Beispiel:

Vielleicht ist es dein Ziel, im nächsten Jahr eine Freundin zu bekommen? Das ist ein schwieriges Ziel, weil es nicht nur von dir abhängt, aber trotzdem kannst du etwas dafür tun. Dafür brauchst du aber Unterziele. Zum Beispiel: Ich will jeden Tag duschen, ich will fünf Kilo abnehmen, ich will an Orte gehen, wo nette Mädels sind, ich will für die richtige Partnerin beten, ich will ein echter Kerl werden, damit ich ihr meine Stärke anbieten kann, ...

Um meine Ziele im Leben herauszufinden, brauche ich Leute, die mir dabei helfen. Und auch wenn es darum geht, kurzfristige Ziele zu erreichen, helfen Kumpels und Mentoren, die nachfragen. Wenn ich mir vornehme abzunehmen, motiviert es mich, wenn andere nachfragen. Wenn ich das Ziel habe, mehr zu beten, hilft es mir, mich einmal pro Woche mit jemandem zum Beten zu treffen. Wenn ich das Ziel habe, eine Freundin zu bekommen, hilft mir ein Freund, der mir Tipps gibt und mich netten Mädels vorstellt.

Ich empfehle dir, zum Beispiel Jahresziele zu setzen. Am besten machst du sie so konkret wie möglich.

Falsch: Ich will so insgesamt besser werden.

Richtig: Ich will meine Eltern nicht mehr anlügen. Schreib dir die Ziele auf und schau sie dir regelmäßig wieder an und erzähle sie anderen Menschen.

☞ Und um Ziele für dein ganzes Leben zu finden, überleg dir doch mal, was die Leute an deinem Grab über dich sagen sollen. Wie könntest du dahin kommen?

Wie sieht das mit Gott und den Zielen aus?

Um meine Ziele zu finden, habe ich mich gefragt, ob sie zu Gottes Ideen für ein gelingendes Leben passen? Deswegen steht bei mir mehr auf der Liste als nur „reich werden".

Mir ist irgendwann mal schmerzlich bewusst geworden, dass meine Ziele nicht immer Gottes Ziele für mein Leben sind. Ich wollte gerne ein großer Kameramann werden, aber ich war bereit zu beten: „Gott, dein Ziel ist mir wichtiger als mein Ziel. Bitte öffne du Türen, wenn ich auf dem richtigen Weg bin, und versperre du Türen, wenn ich auf dem falschen Weg bin." **Vorsicht: Gott kann Gebete erhören und dein Leben verändern!**

Gottes großes Ziel mit jedem von uns ist, diese Welt zu bewahren und weiterzubringen. Das bedeutet auch, dass viele Menschen von Gottes Liebe erfahren sollen. Und zwar in Worten UND (am besten zuerst) in Taten.

FAZIT: Echte Kerle haben Ziele im Leben.

Nutze dich!

Es gibt 3,4 Milliarden Männer. Und jeder Mann ist anders. Jeder ist besonders. Auch du. Du kannst irgendetwas Besonderes. Dein Aussehen ist anders. Dein Fingerabdruck ist einmalig. Und in dir drin steckt schon jede Menge Potenzial. Die Frage ist: Willst du es nutzen und findest du Menschen, die dir dabei helfen? **Helden sind Menschen, die ihr Potenzial für andere nutzen.**

Es ist eine furchtbare Lüge, wenn du denkst, dass du nichts kannst oder nix aus dir werden wird. Eltern oder Lehrer, die dir das einreden wollen, sind miese Lügner. Ich dachte jahrelang, dass ich niemals eine Frau finden würde, weil ich zu öde und zu hässlich bin. Dieser Gedanke hat mich fertiggemacht. Und ich weiß heute, dass er nicht von Gott kam. Denn Gott hat dich genial designt und jeder Mensch kann etwas. Jeder!

Ich habe dir in Kapitel vier von Nick berichtet, der ohne Arme und Beine geboren wurde. Nick hat mittlerweile vor Millionen von Menschen auf der ganzen Welt gesprochen. Sein YouTube-Video wurde aktuell 4,9 Millionen Mal angeschaut. Seine Botschaft gibt so vielen Menschen Hoffnung und ein besseres Selbstwertgefühl. Nick wurde zwar ohne Arme und Beine „geliefert", aber er hat das Potenzial zu reden, zu lieben und zu motivieren mitbekommen. **Auch du hast etwas, das diese Welt dringend braucht!**

Neben deinem Willen, deine Fähigkeiten weiterzuentwickeln, brauchst du Unterstützer. In meinem Leben waren meine ersten Unterstützer meine Eltern, die immer daran geglaubt haben, dass in mir viel Potenzial steckt. Dann waren es Leiter in der Jugendarbeit, die mir klargemacht haben, wie gut und wichtig ich als Mitarbeiter auf Freizeiten sein kann. Und natürlich spielen auch meine Freunde, Kollegen und meine Frau eine große Rolle. All diese Menschen ermutigen mich immer wieder und ich hätte vermutlich nie ein zweites Buch geschrieben, wenn ich nicht so viele ermutigende Mails und Rückmeldungen zum Schreibstil meines ersten Buches bekommen hätte. **Mach dich also auf die Suche nach Menschen, die dich fördern können und mit dir dein Potenzial entdecken.** Das kann zum Beispiel ein Mentor sein, der sich ab und an mit dir trifft und dir dabei hilft, deine Stärken und Schwächen zu analysieren. In meinem Leben hätte es ohne diese Menschen vieles Gute nie gegeben.

„Und wer hat's erfunden?" Nein, nicht die Schweizer, sondern Gott. Ich glaube daran, dass Gott diese ganz verschiedenen Gaben in dich hineingelegt hat. Er will mit dir diese Welt verändern!

FAZIT: Echte Kerle nutzen ihr vorhandenes Potenzial und glauben die „Du-Kannst-nichts"-Lüge nicht.

Und nachdem ich dieses Kapitel gerade noch mal gelesen habe, merke ich, wie ich Bock darauf habe, so ein echter Kerl zu werden, und in wie vielen Bereichen ich noch einiges an Arbeit vor mir habe. Genau dieses Gefühl ist okay. Keiner erwartet von dir, dass du „der perfekte Mann" bist, außer vielleicht du selbst. Ein Weg besteht aus vielen kleinen Schritten!

KAPITEL 10
VOLL DAS LEBEN

Heute ist Silvester. Ein Jahr ist wieder mal rum. Ein Jahr mit jeder Menge Depri-Tagen, Streits und peinlichen Erlebnissen (Oh Mann, die Unterhosen-Sport-Story ...). Aber auch vielen Lachkrämpfen (das Familienfest), schönen Tagen und guten Gesprächen. Und ich glaube, ich habe in den letzten Monaten etwas weniger geflucht und auch nicht mehr ganz so viel an Sex gedacht. Wawoh, vielleicht werde ich erwachsen?

Meine Vorsätze fürs nächste Jahr:
⇒ mehr Sport
⇒ endlich mit Frauke zusammenkommen oder mich entlieben oder die Gabe des Singleseins bekommen
⇒ im Sommer NICHT mit meinen Eltern wegfahren, sondern mit Timo und Kevin aufs Sommercamp fahren
⇒ besser drauf sein und netter zu meiner Family sein (hoffe, die nehmen sich so was auch vor)
⇒ was total Verrücktes machen
⇒ weiter an dieser Sache mit Gott rumdenken, hab da noch einige Fragen

Hab meine Vorsätze heute Kevin erzählt. Er war sichtlich beeindruckt und erinnerte mich an meine Vorsätze vom letzten Jahr:
⇒ 10 Big Macs in unter zwei Minuten essen
⇒ mit irgendeinem Mädchen knutschen
⇒ im Rülpswettbewerb gegen Calle gewinnen

Ja, vielleicht werde ich langsam reifer. Laannggssaamm ...

Das neue Jahr ist da und wir stehen auf Kevins Balkon und schauen dem Feuerwerk zu. Unsere Böller sind schon verfeuert. Dieses Jahr gab es wieder welche. Letztes Jahr hatte Mama nämlich beschlossen, dass wir unser Geld lieber der Aktion „Brot statt Böller" spenden. Das ist bestimmt voll gut und so, aber man kann Jungs doch nicht den Sinn von Silvester nehmen. Das ist wie Weihnachten ohne Geschenke und Ostern ohne Eier. Auf jeden Fall haben wir Mama dann um Mitternacht ziemlich blamiert, als Moritz und ich versuchten, Toastbrotscheiben anzuzünden und in die Luft zu werfen. Dabei riefen wir laut: „Brot statt Böller, Brot statt Böller." Mama war das sehr peinlich. Was sollten denn die Nachbarn denken? Dieses Jahr feiern wir zusammen mit Kevins Eltern. Das ist klasse: Ich kann mit Kevin abhängen und heimlich am Sekt nippen. Unsere Mamas reden seit Stunden miteinander, ohne dass sie Luft zu holen scheinen. Und unsere Papas haben die Whiskey-Sammlung entdeckt und ewig über Jahrgänge und Geschmacksrichtungen gefachsimpelt. Nicht, dass mein Papa da irgendeine Ahnung hätte, ich vermute mal, er wollte sich das Jahr noch oder schon schön trinken.

Jetzt stehen wir vier Männer oder Männeranwärter auf dem Balkon und versuchen Vokale zu finden, die das Staunen über schöne Feuerwerkskörper gut beschreiben. „Ahhh" und „ohhh" sind schon voll out. „Ühhh", „uiuiuiu", „oihoihoih", „ääh" stehen hoch im Kurs. Betrunkene Erwachsene verhalten sich wie kleine Jungs. Kevins Papa und Kevin müssen aufs Klo und so stehe ich mit meinem Papa allein auf dem Balkon. Auf einmal spüre ich, wie er seine Hand auf meine Schulter legt. Und er fängt – mit etwas nuschelnder Stimme – an zu reden: „Mannfred ... Wie ald bischd du jetzt. Fünzehn. Genauuu. Mannfred, isch wolllte di das scho lange ma sage...nnnn. Mein Junge ... isch bin. Isch bin stolz auf disch. Wirglich ... Mannfred, du bischd ein echder Gerl. Stark, lustisch, hübsch, jaja, da werden die Mädsche noch Schlaaange stehe..n. Unnd dzu lässd di nisch alles gefalle...n. Das is guuhd." Ich merke, wie mein Papa seine beiden Hände fest auf meine Schultern presst und sich zu mir auf Augenhöhe beugt und mir in die Augen schaut. „Manni isch hab nich ...t alles rischtisch gemacht. Manni du du hast es drau...f. Manni, mach es besser als wie isch." Ich merke, wie mein Papa feuchte Augen bekommt, und sich in meinem Hals ein Kloß bildet. „Manni, isch ... isch liebe disch, mein Sohn. Isch liebe disch." Dabei tut mein Vater etwas, das er seit Jahren nicht mehr gemacht hat, er nimmt mich in den Arm. Und während mein Dad mich festhält, kullert auch mir eine Träne die Wange herunter. Die erste seit langer, langer Zeit. Wie gerne würde ich meinem Dad sagen, dass ich ihn liebe und auch stolz auf ihn bin, trotz seiner Macken. Aber der Kloß in meinem Hals verhindert das. Kevins Vater kommt auf den Balkon und ruft: „Noch jemand Whiskey?" Damit ist dieser Moment vorbei. Ich wische mir die Träne weg und versuche cool zu gucken. Ganz tief in meinem Herzen hat dieser Moment etwas angerührt. Ich glaube, ich bin um einige Zentimeter gewachsen, zumindest innendrin. Mein Vater liebt mich und ist stolz auf mich. Und ich habe zum ersten Mal seit Langem wieder geweint. Leise flüstere ich: „Gott, wenn es dich gibt, dann danke. Echt danke. Amen."

Mannfreds Geschichten sind nun erst mal zu Ende. Sein Weg zum Erwachsenen und zum echten Kerl geht weiter. Genauso wie dein Weg.

Vielleicht blätterst du das Buch jetzt noch

mal durch und schaust dir die fett gedruckten Aussagen an, was ein echter Kerl so macht. Ich habe das auch gerade gemacht und habe dabei einiges entdeckt, was sich bei mir noch verändern darf. Aber gleichzeitig bin ich super dankbar, wie viel ich schon gelernt habe, auch beim Schreiben dieses Buches.

Das Schreiben dieses Buches fiel mir schwerer als das des ersten. Vermutlich, weil witzig zu schreiben echt gar nicht so leicht ist und weil ich bei vielen Themen nicht so klare Antworten schreiben konnte, weil ich selbst noch auf dem Weg bin.

Zwischendurch, wenn man so etwas schreibt, dann hat man auch Sinnkrisen. So ging es mir schon bei „Voll Porno!". Irgendwann fragte ich mich, ob das überhaupt jemanden interessiert und weiterbringt, was ich da schreibe. Und auch während des Schreibens von „Voll Mann" habe ich mich manchmal gefragt, ob das Thema wirklich so wichtig ist.

Aber ich glaube fest daran, dass lebendige, echte Kerle diese Gesellschaft verändern können! (Natürlich können das auch lebendige echte Mädchen. Allerdings glaube ich, von denen gibt es schon mehr.)

☞ Was wäre, wenn mehr Männer einen Plan, eine Vision für ihr Leben hätten, wie sie der Welt mit ihren Gaben guttun können?

☞ Was wäre, wenn Männer in ihren Paarbeziehungen treuer und liebender wären?

☞ Was wäre, wenn jeder Vater zu seinem Kind stehen würde und es mit Liebe, Zuverlässigkeit und den notwendigen finanziellen Ressourcen beschenken würde?

☞ Was wäre, wenn in Wirtschaft und Politik mehr Männer leiten würden, die das Wohl anderer vor ihr eigenes Wohl und das der Aktionäre setzen würden?

☞ Was wäre, wenn sich mehr Männer in ihrer Freizeit nicht nur vor Bildschirmen und beim Polieren ihrer Autos aufhalten würden, sondern sich ehrenamtlich für andere Menschen einsetzen würden?

☞ Was wäre, wenn mehr Männer auf Karriere und viel Geld verzichten würden, weil sie ihre Kinder erziehen oder in soziale Berufe gehen wollen, wo Männer Mangelware sind?

☞ Was wäre, wenn mehr Männer Kraft, Ehrlichkeit und Liebe aus ihrem Glauben an Gott ziehen würden?

☞ Was wäre, wenn du ein echter, lebendiger und liebender Mann werden würdest?

Ich glaube, eine Antwort auf alle Fragen ist: Es würde unsere Welt positiv verändern und zu einem besseren und lebenswerteren Ort machen. Davon träume ich und ich glaube, davon träumt auch Gott.

Und wenn wir dann bei aller Verantwortung auch noch die kindliche, lustige und lebensfrohe Seite in uns nicht vergessen, dann kann das Ganze sogar Spaß machen!

Ein paar abschließende Wünsche an dich

Mein Wunsch für dich ist, dass du im richtigen Moment die richtige Frau für dein Leben findest.

Mein Wunsch für dich ist, dass du zu dir selbst „JA" sagen kannst.

Mein Wunsch ist, dass du deinen Style und dein Lebensmotto findest und durchziehst.

Mein Wunsch für dich ist, dass du durch dieses Buch gespürt hast, wie wichtig Gott in meinem Leben ist.

Mein Wunsch für dich ist, dass du dich fragst: Welche Rolle soll dieser Gott in meinem Leben spielen?

Mein Wunsch für dich ist, dass du sichere Orte und Menschen hast und zugleich Freiheit findest.

Mein Wunsch für dich ist, dass du gute Freunde und Begleiter an deiner Seite hast.

Mein Wunsch für dich ist, dass du ein Ziel im Leben findest, für das es sich zu leben lohnt.

Mein Wunsch für dich ist, dass du ein paar Gedanken aus diesem Buch behältst und sie dir guttun.

Mein Wunsch für dich ist, dass du ein echter Kerl wirst.

Mein Wunsch für dich ist, dass Gott dich segnet und das du seine Liebe spürst.

Mich interessiert, wie dir das Buch gefallen hat. Was fandest du gut, was hat dich geärgert? Vielleicht hast du Fragen oder möchtest mich zu einem Vortrag / einer Lesung einladen. Dann mail mir an: c.pahl-buch@gmx.de

Mannfred selbst kannst du auch kontaktieren und zwar auf seinem Facebook-Account: Mann Fred aus Laage. Er freut sich auch über neue Chuck-Norris-Witze. ☺

EXKURS
FÜR ALLE, DIE VERSUCHEN, JUNGS ZU „ERZIEHEN"

So, liebe Eltern, Lehrer und Jugendleiter, nun darf ich euch mal sagen, wie ihr mich zu erziehen habt. Haha, eine großartige Laage (haha), in der ich da bin.

Folgende Sachen sind sehr wichtig für echte Kerle:

⇒ *keine feuchten Aufwachküsse*

⇒ *keine Computer- oder Fernsehverbote*

⇒ *mehr Schokoladeneis, Döner und Chips. Amerikanische Wissenschaftler haben festgestellt, dass einen das zu einem echten Mann macht. Jaja …*

⇒ *Chuck-Norris-Witze, Sexkunde, Flirttipps und Wortspiele gehören auf den Stundenplan*

⇒ *Bockspringen, Mathe und Lehrer sind aus der Schule zu streichen*

⇒ *pupsen, rülpsen und stinken ist sehr wichtig für die männliche Entwicklung. Nicht verbieten!*

Mannfreds Tipps möchte ich dann doch noch um etwas fundiertere ergänzen. ☺

Ich selbst habe (noch) keine Kinder, deswegen empfehle ich für ausführlichere und wissenschaftlich fundiertere Erziehungstipps andere Bücher (siehe Buchtipps S. 252). Aber ich erlebe jede Woche 80 verschiedene Jungs in unseren Schulprojekten und beobachte auf unseren Freizeiten schon seit vielen Jahren männliche Kinder und Jugendliche und auch deren Eltern. Deswegen ein paar Gedanken von mir.

GANZ ANDERS

Ein Vater liest ein Erziehungsbuch über Jungs (was ja schon mal wundersam toll ist). In diesem amerikanischen Ratgeber erfährt er viel über das wilde Herz von Jungen. Der Autor berichtet von Touren mit seinen Jungs in die Wildnis Amerikas. Sie überleben in der Natur, fangen Fische und führen tiefe Vater-Sohn-Gespräche. Der Vater ist beeindruckt und er wünscht sich sehr, die Beziehung zu seinem bei der Mutter lebenden 11-jährigen Sohn zu verbessern. Von dem Buch inspiriert plant er ein Zelt-Wochenende in den Wäldern Brandenburgs. Er rüstet sich in einem Outdoor-Geschäft mit Angel, Messer und warmer Kleidung aus. Stundenlang recherchiert er nach Routen, sucht eine einsame Möglichkeit zum Zelten und druckt Überlebenstipps aus. Endlich geht es los. Sein Sohn freut sich auf das gemeinsame Wochenende, auch wenn er noch nicht weiß, welche Überraschung sein Vater geplant hat. Sie fahren an einen Waldrand, parken das Auto, der Vater gibt seinem Sohn stolz das GPS- Gerät in die Hand und sagt mit tiefer Stimme zu ihm: „Jetzt bist du unser Anführer." Wenige Stunden später liegt der Sohn heulend im Zelt und schluchzt immer wieder: „Ich will nach Hause." Der Vater sitzt verzweifelt davor. Sie haben den Weg gefunden, einen Fisch gefangen und sogar das Feuer anbekommen

... eigentlich ist alles so gelaufen, wie der Vater es sich gedacht hatte.

Was ist passiert?

Der Sohn hasst Wandern, friert sehr schnell, mag keinen Fisch und hat eine Mückenstichallergie. Der Vater hat das Wochenende so geplant, wie er es in dem Buch gelesen hatte und wie er es sich als Junge gewünscht hätte, aber er hat dabei vergessen, dass sein Sohn einfach anders ist.

Jungs sind ganz anders! Und zwar jeder. Das vergessen viele Erziehungsratgeber leider: Jeder Junge tickt anders. Für einige ist im Wald herumzuräubern der Traum schlechthin, für andere der absolute Horror. Jungs müssen nicht auf Fußball stehen, sämtliche Autotypen kennen, die wilde Natur mögen oder Döner essen. Jeder Junge ist anders und braucht auch andere Formen der Liebe (dazu mehr weiter unten). Und Jungs sind immer anders als ihr Vater, ihr Jugendleiter, ihr Erzieher oder Lehrer. Oft versuchen wir das, was wir uns als Kind gewünscht hätten, in der Erziehung umzusetzen. Ein Vater berichtete mir, dass sein Vater sehr autoritär gewesen sei. Er selbst hatte sich deshalb geschworen, das anders zu machen und seinen Kindern kaum Grenzen gesetzt. Heute, in der Pubertät seiner Kinder, merkt er, dass sie ihn nicht als Respektperson anerkennen. Wir alle haben unsere Geschichte und es ist wichtig, dass wir uns unsere eigenen Vorstellungen von „Männlichkeit" anschauen. Was ist, wenn ein Junge beim Boys-Day auf der Freizeit nicht beim wilden Geländespiel mitmachen will? Innerlich denke ich automatisch: „Mann, Junge, sei mal nicht so ein Weichei." Dabei ist er einfach erst einmal anders und ich muss herausfinden, warum er nicht mitmachen möchte.

Eine spannende Angelegenheit ist, herauszufinden, welche Art von Liebe das Herz eines Jungen berührt und was ihn begeistert. **Jeder Mensch hat etwas, das ihn innerlich berührt.** Das kann Fußball sein, eine bestimmte Art von Musik, die Natur, ein Hobby, ...

Vor ein paar Wochen half ich in einem unserer Projekte aus, die ein offenes Spielangebot in der Schule bieten. Mit den Fünft- und Sechstklässlern spielen wir viel Tischtennis, Kicker oder Brettspiele. Die Schüler spielen normalerweise gerne mit, doch ein Junge saß an der Theke und schaute in die Luft. Ich sprach ihn an, ob er mitkickern wolle. Nein. Wenige Minuten später fragte ich nach, ob er ein bestimmtes Kartenspiel mitspielen wolle. Nein. Wieder etwas später fragte ich, ob er denn gerne mit Tischtennis spielen wolle. Nein. Ich versicherte ihm, dass ich auch schlecht darin wäre, ob er es denn nicht mal versuchen wolle. Nein. Zum Glück wusste ich schon von meinen Kollegen, dass der Junge schwer zu integrieren war, also lag seine Abwehrhaltung nicht allein an mir oder einem mangelnden Wortschatz. Etwas genervt fragte ich, was er denn zu Hause so mache. Er fing an zu erzählen, dass er gerne Filme drehe. Ich setzte mich zu ihm, fragte nach und konnte ihn die nächsten 20 Minuten vor Begeisterung kaum stoppen. Meine Kollegin sprach mich später an, weil sie total verwundert war, dass der sonst stille Junge so viel und begeistert geredet hatte. **Ich hatte seinen Begeisterungspunkt getroffen und damit sein Herz gewonnen.** Jeder Junge hat diesen Punkt. Um ihn zu finden, braucht man vor allem eins ... Zeit.

TIPP: Jeder Junge ist ein Individuum. Reflektieren Sie Ihre Vorstellungen davon, wie ein Junge zu sein hat. Finden Sie heraus, welche Liebessprache er spricht und was ihn begeistert.

Zeit

Geburtstagskaffeetrinken von Bekannten. Leon ist sieben geworden. Viele Verwandte und Freunde sind gekommen. Die Eltern haben aufgeräumt, gebacken, Geschenke verpackt. Alle bringen Geschenke für Leon mit. Abends bei der Gutenachtgeschichte liegt Leon im Bett und zieht ein ehrliches Resümee des Tages: „Papa, weißt du, was komisch ist? Das war doch heute mein Geburtstag. Aber ihr habt alle den ganzen Nachmittag nur miteinander gequatscht. Nur Onkel Johannes hat sich Zeit genommen und mit mir gespielt."

Eine Liebessprache, bei der sehr viele Kinder heute Mangel haben, ist „Zeit". Dabei geht es gerade bei Jungs oft nicht um das Sich-daneben-Setzen und mal eine Stunde quatschen, sondern um das Zusammen-etwas-Machen oder -Erleben. Wenn ein Junge auf einer unserer Freizeiten sein Herz öffnet und am vorletzten Tag heulend von seinen Problemen berichtet, dann ist dieser Moment meist durch stundenlanges Fußballspielen, Chuck-Norris-Witze austauschen, mit ihm Küchendienst machen und Armbänder knüpfen (was für ein Opfer ☺), vorbereitet worden. Natürlich können wir gerade pubertierenden Jungs auch auf die Nerven gehen, aber **Zeit und Interesse wird auf Dauer kaum ein Jungenherz kaltlassen.**

Und ganz ehrlich: Wo erleben Jungs Männer, die Zeit haben? Morgens muss alles in den minutengenau getakteten Zeitplan der Eltern passen. In der Schule muss ein Lehrer 30 Schülern Wissen vermitteln und gleich zur nächsten Stunde hetzen. Der Musiklehrer am Nachmittag wird für 45 Minuten bezahlt und hat danach den nächsten Schüler. Der Handballtrainer hat die Taktik des nächsten Spiels im Blick. Der Vater hat beim Abendessen seinen Kopf noch halb im Büro und muss abends zum Kirchenvorstand, anstatt mit seinem Sohn zusammen Reli-Hausaufgaben zu machen. Ich merke es selbst bei meinen Patensöhnen, wie wenig Zeit ich mir für sie nehme. Denn ich muss ja Bücher schreiben, in denen steht, dass Männer mehr Zeit mit Jungs verbringen sollen, anstatt Bücher zu schreiben ...

Zeit ist ein so kostbares Gut. Wir brauchen Väter, Lehrer, Trainer, Jugendleiter, Pädagogen, die sich Zeit nehmen.

TIPP: Interessieren Sie sich für die Jungs und verbringen Sie Zeit mit ihnen.

Sicherheit vs. Freiheit

Ich möchte noch einmal auf Kapitel eins zurückkommen. Ich zitiere mich selbst: „Auf der einen Seite steht das Grundbedürfnis nach Sicherheit, Geborgenheit und Wärme und auf der anderen Seite der Wunsch nach Freiheit, Wachstum und Selbstständigkeit." (siehe S. 21f.) Natürlich haben Mädchen diese Bedürfnisse und Sehnsüchte auch, aber Jungs sind in beidem extremer. Welche Verhaltenstipps ergeben sich daraus für uns als Erziehende?

Sicherheit

Die Familie war jahrhundertelang das sichere Setting: Mutter, Vater, Großeltern, Geschwister (alle von denselben Eltern). Heute wird Familie oft anders gelebt. Neue Partner oder neue Geschwister tauchen auf, Elternteile verschwinden. Die Großeltern leben oft viele hundert Kilometer entfernt. **Was bietet unseren Kindern Sicherheit!?**

Seien Sie zuverlässig!

Ein einfacher Tipp, der so wichtig ist. Für Jungs ist eine äußere Struktur sehr wichtig. Sie gibt ihnen Halt. Stehen Sie zu Ihren Zusagen und Versprechen. Seien Sie da, wenn Sie gesagt haben, dass Sie da sind. Wechseln Sie nicht dauernd Ihre Meinung oder Ihre Laune.

Schaffen Sie geborgene und geschützte Plätze!

Besonders Jungs in der Pubertät brauchen Orte, an denen sie die Emotionen zeigen können, die sie sich vor ihren Mitschülern abtrainiert haben. Wenn Jungs starke Emotionen (Wut, Trauer, Niedergeschlagenheit) zeigen, versuche ich oft das Gespräch mit ihnen allein zu suchen. Ich setze mich neben sie (nicht konfrontativ vor sie) und versuche ihnen den Raum zu geben, über das zu reden, was sie beschäftigt. Ein geborgener Platz kann ein fester Ort sein (auf dem Beifahrersitz neben Papa), ein Zeitraum (das regelmäßige Gespräch vor dem Ins-Bett-Gehen) oder ein Mensch, der zuhört. Auch in einer Gruppe kann es so einen Raum geben, in dem man abmacht, dass nichts, was der andere sagt, weitergesagt wird und jeder ehrlich sein darf.

Setzen Sie in Liebe und Klarheit Grenzen.
Haben Sie sich schon einmal Gedanken über die Leitplanken auf der Autobahn gemacht? Sie schränken uns irgendwie ein und doch vermitteln sie uns Sicherheit. Auch Jungs brauchen klar formulierte Grenzen. Sie müssen sich austesten und setzen sich, um die Grenzen zu verstehen, oft bewusst darüber hinweg. Im Leitplankenbild gesprochen fahren Jungs häufig mal gegen die Leitplanke, um zu merken: „Stimmt, da ist 'ne Grenze." Problematisch wird es dann, wenn Jungs erleben, dass es gar nicht wehtut, gegen oder sogar durch die Leitplanken zu fahren. Denn das erhöht drastisch die Gefahr, dass sie irgendwann mit lauter Macken im Graben landen. Deswegen ist es wichtig, dass Jungs spüren, wenn sie Grenzen überschreiten. Dabei ist es mir bei Strafen wichtig, dem Jungen zu sagen, dass ich ihn persönlich mag, aber dass es so nicht geht und

er deswegen bei etwas Schönem nicht mitmachen darf. Dabei müssen wir die Regeln und Grenzen sehr genau erklären und begründen. Merke: **Konsequenz ist Liebe!** Körperliche Gewalt als Strafe ist für mich kein legitimes Mittel. Allerdings hilft es manchen Jungen, wenn sie die Grenze auch körperlich wahrnehmen. Zum Beispiel indem man sie festhält oder nicht durchlässt.

Kämpfen Sie für Ihre Jungs!

Ihr Sohn hat ein Vanilleeis mit Schokostreuseln bestellt. Die Kellnerin bringt Vanilleeis mit Krokantstreuseln. Sie wissen, Ihr Sohn liebt Schokostreusel. Wie reagieren Sie? Sagen Sie: „Komm, Junge, stell dich nicht an, das passt schon" oder rufen Sie die Kellnerin und bestellen ein neues Eis. Eine banale Szene und doch glaube ich, dass Kinder spüren, ob Menschen für sie kämpfen. **Wenn ein Junge weiß, dass sich für ihn eingesetzt wird, wird er sich geliebt fühlen.**

Entwickeln Sie Rituale und Abläufe.

Jungs brauchen Strukturen. Entwickeln Sie feste Rituale: Gemeinsame Mahlzeiten, immer gleiche Begrüßungen, immer den gleichen Ort, an dem alle sitzen, ... Ab einem gewissen Alter müssen die Formen der Rituale angepasst werden, aber bestehen Sie auf klaren Strukturen. Auch wenn die Jungs sie nicht immer gut finden, sie geben ihnen Halt.

Freiheit
Jungs brauchen Bewegungsräume
Jungs haben meistens einen größeren Bewegungsdrang. In der Schule stundenlang zu sitzen ist eigentlich nichts für Jungs. Sie brauchen etwas zu tun und am besten ist es, wenn sie sich dabei bewegen können. Deswegen dürfen Jungs in der Pause laut und wild sein. Deswegen hilft es, einen Jungen mal drei Runden ums Haus laufen zu lassen oder ihm einen Boxsack aufzuhängen. Deswegen sollten Jungsgruppenstunden mit einem Spiel und nicht mit Hinsetzen und Liedersingen anfangen. Und auch wenn es nicht für alle Jungs zutrifft, werden viele Jungs in der Natur gleich viel ausgeglichener. Trotzdem brauchen sie auch ruhige Phasen und geborgene Räume.

Erlauben Sie ihnen mehr, als Sie gut finden
Zugegebenermaßen ist das ein etwas heikler Rat. Aber ich habe den festen Eindruck, dass besonders viele Mütter und Pädagoginnen ihre Kleinen gerne in Watte packen. Warum dürfen Jungs nicht im Dreck spielen? Warum dürfen sie nicht mit Waffen spielen? Warum dürfen sie sich nicht mal anschreien? Warum dürfen sie nicht vom Baum springen?

Natürlich brauchen sie klare Verbote und Werte, aber **wo machen wir Regeln für das Wohl der Kids und wo mehr für den eigenen Ruf oder die eigene Bequemlichkeit?**

Schaffen Sie leistungsfreie Räume
Ich weiß, warum sich viele Jungs in die Fernseh- und

Computerspielewelt zurückziehen. Dort müssen sie nichts leisten. Der starke Leistungsdruck von Familie / Schule / Verein / Clique führt bei Jungs entweder zu einer egoistischen Ellenbogenmentalität oder zu einem Rückzug. **Jungs brauchen Orte, an denen sie nichts leisten und an denen sie sich nicht behaupten müssen.** Deswegen muss die Klassenfahrt der 5b auch nicht dazu da sein, ein Theaterprojekt einzuüben (was die Eltern ja so schön fänden), sondern darf auch gerne Soziales Lernen im Kletterwald zum Inhalt haben, auch wenn man dann leider beim Schulfest nichts vorführen kann.

Nörgeln Sie nicht die ganze Zeit an den Jungen herum

„Steh auf. Wasch dich. Iss doch was. Beeil dich. Kämm dich. Schau nicht so lang fern." Motivieren nörgelnde Menschen Sie? Mich eher nicht. Ich weiß, es gäbe viel zu nörgeln bei so manchen Jungs. Aber überlegen Sie mal, wie sich das Herz eines Menschen anfühlt, der dauernd belehrt und herumkommandiert wird!? Alternativen wären: gewisse Sachen konsequent zu ignorieren, klare Konsequenzen aufzuzeigen und durchzuziehen („wenn du nicht da bist, dann fahre ich ohne dich los") oder ein konstruktives Gespräch zu beginnen, warum einen selbst das Verhalten stört, und zu fragen, warum der andere das so macht.

Trauen Sie den Jungs etwas zu

„Du schaffst das!" ist ein sehr wichtiger Satz für Jungs. Oft kommen Jungs zu mir und sagen: „Ich kaaann daaas niiicht, kannst du das machen?" Oft steckt dahinter pure Faulheit oder aber auch mangelndes Selbstbewusstsein. In beiden Fällen ist es gut, den Jungen zu motivieren, es selbst zu probieren. Dabei ist es für einige Jungs gut, wenn man bewusst weggeht und sie einfach machen lässt. Für andere ist es wichtig, dass man „Stand-by" zur Verfügung steht. Viele Väter meinen, dass sie ihrem Jungen etwas Gutes tun, wenn sie etwas für ihn machen oder bauen. Oft wäre es jedoch viel besser, mit dem Jungen etwas zu bauen und ihm zu erklären, wie es funktioniert. **Trauen Sie Ihrem Jungen etwas zu** und seien Sie sich dessen bewusst, dass es auch schiefgehen kann.

MÜTTER, LASST EURE SÖHNE GEHEN!

Insbesondere Mütter haben in der Pubertät oft Probleme mit ihren Söhnen. Ein paar Tipps und Gedankenanstöße für Mütter:

⇒ Was hat Ihr Sohn Ihnen gegeben, was Sie jetzt vermissen? Kleine Jungs bewundern ihre Mütter, sie kuscheln mit ihnen und sie geben ihnen das Gefühl: „Ich brauche dich." In der Pubertät befriedigen viele Jungs diese Bedürfnisse der Mütter nicht mehr. Das hat zur Folge, dass viele Mütter verletzt sind und unbewusst den Jungs ihre Liebe entziehen oder versuchen, sie an sich zu binden. Dies kann durch eine besondere Milde, Geschenke oder durch emotionale Abhängigkeit („Mama ist sehr traurig, wenn du jetzt wieder Computer spielst") geschehen. Wie ist das bei Ihnen als Mutter?

⇒ Viele Jungs werden in der Pubertät mehr wie ihre Väter. Dabei übernehmen sie oft auch die negativen Eigenschaften. Mütter beobachten das mit Schrecken; während sie ihre Männer schon aufgegeben haben, hatten sie bisher für ihre Söhne noch Hoffnung. Die Wahrheit ist: Ihr Sohn hat hoffentlich auch viele gute Eigenschaften Ihres Partners mitbekommen und Sie werden nichts daran ändern können, dass dabei auch Negatives übernommen wurde. Sehen Sie Ihren Sohn als eigenständigen Mann. Er ist nicht genau wie sein Vater und er muss auch nicht Ihr Traummann werden.

⇒ „Meiner Mama kann ich es nie recht machen", diesen Eindruck haben viele männliche Jugendliche. „Mama schafft und kann immer alles." Viele Jungs fühlen sich auf den starken Gebieten der Mutter (Fleiß, Ordnung, Gefühle zeigen) als Versager. Sie brauchen kein Genörgel, sondern Anerkennung. Und genauso wie sie Männer brauchen, die ihre Schwächen zugeben, brauchen sie auch unperfekte Mamas. Spielen Sie mit Ihrem Sohn doch mal Computer, das wird ihm ein gutes Gefühl geben und Ihre Schwäche zeigen. ☺

⇒ Jungs brauchen Dolmetscher. Ihr Sohn wird ein Mann. Und Männer verstehen Frauen

> erst mal nicht. Viele Verhaltensmuster sind Ihrem Sohn fremd. Es braucht Väter oder Männer, die Müttern Jungs erklären und die Jungs Frauen erklären. Es ist Ihr Job, sich solche Dolmetscher zu organisieren.
>
> ⇒ Es ist so ein einfacher Tipp und doch scheint seine Umsetzung vielen Mamas unendlich schwerzufallen: Lassen Sie Ihren Sohn los. Bleiben Sie ansprechbar und haben Sie ihn lieb. Aber lassen Sie ihn seine Erfahrungen, auch die schlechten, machen. Bitten Sie Gott, dass er auf ihn aufpasst, mehr bleibt Ihnen nicht übrig.

Männer

Sind Frauen schlechtere Bezugspersonen für Jungs?

Nein, sie sind tolle und lebenswichtige Ansprechpartner für Jungs, aber sie haben einen „großen Fehler": sie sind keine Männer. Wir lernen sehr viel durch das Abschauen bei anderen. Natürlich können wir dann auch von Frauen unglaublich viel lernen, aber trotzdem merken Jungs (wie auch Pädagoginnen und Mütter), dass Männer noch einmal ganz andere Zugänge vermitteln.

Der Mangel an männlichen Bezugspersonen und Vorbildern wurde und wird an vielen Stellen beklagt. Nur noch einmal zwei Zahlen: In sächsischen Kindergärten sind 1,8 Prozent des Personals Männer. Circa eine Million Jungs unter 18 Jahren wachsen in

Deutschland bei alleinerziehenden Müttern auf. Der Jungenpädagoge Peter Moser sagte dazu in einem Vortrag im Juni 2011: **„Der Mann wird zum abstrakten Objekt, weil er gar nicht greifbar ist."**

Eine Erzieherin sagte mir auf einer Schulung: „Wir brauchen im Hort nicht irgendwelche Männer. Keine verweichlichten Jein-Sager. Wir brauchen Männer, die wissen, wer sie sind. Gestandene Kerle."

In „Kleine Helden in Not" formulieren die Autoren Dieter Schnack und Rainer Neutzling eine Suchmeldung:

„Gesucht werden starke Männer! Mutige Männer mit Zivilcourage, die Grenzen anerkennen und akzeptieren, die sich zur Verfügung stellen, die der Ansicht sind, dass der würdevollste Mann nicht immer derjenige ist, der die erste Geige spielt, Männer, die ihren Söhnen oder ihnen anvertrauten Jungen bei der Suche nach Männlichkeit helfen und die danach fragen, weshalb so viele Jungen und Männer ihr Leben gestört, krank, aggressiv und verbittert vergeigen."

Präsente Väter, die die anderen Tipps dieses Kapitels umsetzen, sind die eine Lösung des Problems. Aber Jungs brauchen verschiedene männliche Kontaktpersonen. Sie müssen sich aus den unterschiedlichen Konzepten von Männlichkeit (Künstler, harter Mann, Wissenschaftler, ...) ihres raussuchen. Die Aufgabe von Müttern und Erziehern ist es, nach Orten für ihre Jungs zu suchen, wo sie Männer positiv erleben. Das kann in der Familie, im Verein, in der Gemeinde, auf Freizeiten, in Jungsgruppen oder ähnlichen Gemeinschaften sein. Sinnvoll sind sicherlich auch Patenkonzepte. So könnten sich zum Beispiel Männer ehrenamtlich verpflichten, sich ein Jahr lang einmal im Monat mit dem Jungen zu treffen.

Wir brauchen Männer, die bereit sind, in unsere Jungs zu investieren. Und die sich dabei selbst reflektieren. Ein permanent motzender und schreiender Fußballtrainer oder ein computersüchtiger verschüchterter Onkel können kaum Vorbilder sein.
☞ Wie sieht das bei Ihnen selbst aus? Wie wollen Sie sich für Jungs einsetzen? Oder wenn Sie eine Frau sind: Wie können Sie Männer für Kontakte mit Jungs gewinnen?

Los geht's!

MISSBRAUCH!?

Wenn Männer mit Jungs arbeiten, ist das Thema „sexueller Missbrauch" oft präsent. Und das finde ich wichtig. Ich beobachte zwei Extreme: Zum einen Mütter, die sich nicht trauen, ihre Kinder Männern anzuvertrauen und die in jedem Mann einen kleinen Triebtäter sehen. Damit tut man 99 Prozent der Männer unrecht. Zum andern erlebe ich Eltern und auch Vereine / Schulen, die sich über das Thema keine Gedanken machen.

Ein paar Tipps für Eltern / Institutionen:
⇒ Lernen Sie den Mann selbst kennen und machen Sie sich ein Bild von ihm
⇒ Fragen Sie bei der Schule / dem Verein

⇒ nach, was zur Prävention getan wird (z.B. Anfordern von polizeilichen Führungszeugnissen oder Referenzen oder ein Leitfaden zu Nähe und Distanz [den hat z.B. unsere Jugendarbeit])
⇒ Fragen Sie Ihre Kinder nach dem Verhalten des Pädagogen oder nach Auffälligkeiten
⇒ Achten Sie darauf, dass der Mann – wenn möglich – in einem Team arbeitet

Tipps für Männer:
⇒ Achten Sie darauf, möglichst im Team zu arbeiten und bleiben Sie transparent (laden Sie Eltern zum Zuschauen ein, lassen Sie bei Zweiergesprächen die Tür offen)
⇒ reflektieren Sie Ihr Verhalten
⇒ klären Sie bei körperlichem Kontakt (Spielen, Verarzten), ob das für den Jungen okay ist
⇒ Jungs, die viel körperliche Nähe einfordern (Umarmen, auf dem Schoß sitzen) sollten liebevoll zurückgewiesen werden. („Hey Tom, toll, dass du da bist, nein, ich will nicht, dass jemand auf meinem Schoß sitzt")
⇒ Wenn Sie pädophile Neigungen haben, lassen Sie sich beraten und halten Sie sich von Kindern fern

Liebe / Beziehung

„Ihr müsst die Menschen lieben, wenn ihr sie ändern wollt. Euer Einfluss reicht nur so weit wie eure Liebe." (Johann Heinrich Pestalozzi)

Viele Jungs machen es einem wirklich schwer, sie zu lieben. Sie überschreiten alle Grenzen, werden persönlich beleidigend, sie sind bösartig fies oder sie ignorieren einen einfach. Wie man diese Kids lieben kann? Ich weiß es auch oft nicht.

Ein paar meiner Hilfsmittel:

⇒ ich informiere mich über ihren familiären Background. Wenn ich weiß, dass ein Junge gerade die Scheidung seiner Eltern miterlebt oder er zu Hause vernachlässigt wird, dann lässt das mein Herz nicht kalt und ich kann ihn mit anderen Augen sehen.

⇒ ich bete für die Kids, besonders für die, mit denen ich Probleme habe. Gott ist ein Experte in Sachen Liebe. Ich erlebe es immer wieder, dass er mir Liebe für die Kids schenkt. Und ich glaube, dass Gebete in meinem und ihrem Herzen etwas verändern.

⇒ ich versuche die Jungs außerhalb der anderen Schüler kennenzulernen. Oft steckt hinter dem harten Kern ein sehr verunsicherter Junge. Auffälligkeiten von Jungs sind fast immer ein Schrei nach Liebe.

Mir helfen beim Thema Liebe auf allen Ebenen die Gedanken von Gary Chapmans „Die fünf Sprachen der Liebe". Darin zeigt er auf, dass es fünf verschiedene Wege gibt, über die Menschen Liebe empfangen.

1. Lob und Anerkennung

„Viele Jungen brauchen viel Applaus", schreibt Frank Beuster in seinem Buch „Die Jungenkatastrophe". Er beschreibt, dass Jungs mehr als Mädchen nach Lob und Anerkennung „hungern". Dabei ist es wichtig, dass Sie die Jungs nicht nur für ihre Leistungen, sondern einfach für ihr „Sein" loben. Zeigen Sie ihnen, dass Sie gerne mit ihnen zusammen sind. Viele Jungs verstehen diese Liebessprache sehr gut.

2. Zweisamkeit – Zeit nur für dich

Auf diesen Punkt bin ich bereits im Abschnitt „Zeit" eingegangen. Für viele Jungs ist es dabei wichtig, nur mit Ihnen zusammen zu sein, also auch mal ohne die Geschwister oder Freunde etwas zu machen.

3. Geschenke

Diese Liebessprache gefällt mir persönlich nicht so gut, weil in unserer Konsumgesellschaft Geschenke „ein Muss" geworden sind. Und doch können Sie Kinder mit dem richtigen Geschenk zutiefst glücklich machen. Sehr beliebt bei Jungs ist es auch, eine gemeinsame Aktion geschenkt zu bekommen (z.B. einen Stadionbesuch).

4. Hilfsbereitschaft

Unterstützen Sie Ihren Jungen, wo es geht, ohne seine Selbständigkeit einzuschränken. Kochen Sie ihm sein Lieblingsessen. Helfen Sie ihm bei den Hausaufgaben. Organisieren Sie eine Reise.

Aber überlegen Sie auch, wo Sie ihn mit einbinden können, damit er selbstständig wird.

5. Körperliche Nähe

Viele Jungs sind als Kinder sehr verschmust. In der Ablösungsphase der Pubertät schmusen sie meist nicht mehr, aber ihr Bedürfnis nach körperlicher Nähe bleibt. Es gibt viele Formen der Berührung, die dieses Bedürfnis erfüllen können. In unseren Projekten begrüßen und verabschieden wir uns immer mit einem Abklatschen. Im Sport genießen viele Jungs den Körperkontakt. Und warum lieben viele Jungs bis in ihre Jugend hinein Ringkämpfe? In Spielen oder zum Beispiel auch durch Massagen oder durch das Auftragen von Schönheitsmasken können Berührungsängste abgebaut werden. Auch kann man Jungs, die es zulassen, einfach mal die Hand auf die Schulter legen, was oft sogar eine beruhigende Wirkung hat. Wichtig: Vermeiden Sie jegliche Berührung im Intimbereich und achten Sie auf Abwehrhaltungen.

Liebe Eltern, bitte hören Sie nicht auf, Ihren Kindern zu sagen, dass Sie sie lieb haben, egal, was sie tun. Sie müssen das immer wieder hören und spüren.

AGGRESSION

In unseren Gewaltpräventionsprojekten arbeiten wir viel in Kleingruppen, meist nach Geschlechtern getrennt. In vielen Fällen bräuchten die Mädchen-Kleingruppen mehr Zeit, während wir bei den Jungs schon seit fünf Minuten über Computerspiele reden. Anders ist das nur, wenn wir das Thema „Wut" besprechen. Das ist ein echtes Jungsthema. Ich erlebe es täglich in den Schulen, wie Jungs ihre Spannungen und Gefühle äußern:

⇒ Karl verliert das Spiel und haut danach das komplette Spielbrett gegen die Wand

⇒ Philipp wird von den anderen Jungs geärgert und geht mit den Fäusten auf einen kleinen Jungen los

⇒ Simon ist mit einer Schiedsrichterentscheidung von mir nicht einverstanden und beschimpft mich mit einem roten Kopf mit Wörtern, die ich hier nicht wiederholen möchte

Jungs sind nicht unbedingt wütender, aber sie zeigen ihre Aggressionen direkt und körperlich.

Bei Pädagogen beobachte ich zwei Wege, damit umzugehen: 1. „Das sind Jungs, die müssen sich prügeln" oder 2. „Lieber Karl. Aggression ist nicht gut. Hier hast du einen Tee und einen Erzählstein. Lass uns mal in die Kuschelecke gehen und in aller Ruhe darüber reden."

Mir hat es geholfen, zwischen Gewalt und Aggression zu unterscheiden. Gewalt ist schlecht, sie ist keine Lösung und verletzt Menschen. Aggression dagegen kann auch positiv besetzt werden. Um sich selbst behaupten zu können, kann Aggressivität von Nutzen sein. Wenn ich das Gurkenglas nicht aufbekomme, kann meine Wut Kräfte in mir freisetzen.

Wenn Menschen schlecht behandelt werden, bringt mich meine Wut dazu einzugreifen. Wenn ich eine innere Anspannung spüre, verprügle ich meinen Boxsack und fühle mich danach besser.

Viele Jungs haben keine Idee, wie sie mit ihrer Wut und inneren Anspannung umgehen können. Jede Woche führe ich Gespräche mit Jungs und zeige ihnen auf, wie sie Konflikte klären können, indem sie reden, dem anderen aus dem Weg gehen, zu mir kommen, weghören, eine Boxsack verprügeln … Viele Jungs haben auch einfach kein Gefühl dafür, wo raufen aufhört, wo die Stopp-Grenze ist. Hier helfen zum Beispiel Raufspiele mit klarer „Stopp"-Regel oder Schlagspiele, bei denen die Kids ihre eigene Aggression wahrnehmen lernen.

Gewalt und Aggression sind oft Alarmzeichen für eine innere Anspannung oder ein Defizit. Lasst uns aggressive Jungs nicht wegsperren, sondern lasst uns herausfinden, was sie beschäftigt. Und lasst uns ihnen immer wieder Wege aufzeigen, wie innere und äußere Konflikte anders gelöst werden können.

Methoden und Ideen für die Arbeit mit Jungen

Pädagogische Arbeit braucht immer Methoden, pädagogische Arbeit mit Jungs meiner Meinung nach noch mehr als andere. Dabei ist es wichtig, kein Methodenfeuerwerk zu entfachen, sondern zu reflektieren, welche Methode wann zu welcher Gruppe passt. Am besten ist es, die Methoden schon am eigenen Leib ausprobiert zu haben.

Hier ein paar ausgewählte Beispiele: (Genauere Beschreibungen finden sich oft im Internet oder können bei mir per Mail angefordert werden.)

⇒ Süß/sauer-Runde: Es stellt sich immer wieder die Frage, wie man Jungs dazu bringen kann, über ihre Gefühle zu reden. Wir arbeiten in unserer Arbeit (mit beiden Geschlechtern) gerne mit Süßigkeiten. Dabei gibt es saure und süße Gummi-Süßigkeiten. Nach einem Spiel frage ich zum Beispiel: Was hat sich daran sehr gut angefühlt und was fandest du blöd, was hat dich geärgert? Für die Antworten gibt es dann etwas „Süßes" für die positive Erfahrung und etwas „Saures" für das, was negative Gefühle ausgelöst hat. Wichtig ist, dass alle die Chance haben, etwas zu sagen.

⇒ Eckenumfrage: In einem Raum gibt es zum Beispiel eine JA- und eine NEIN-Ecke. Nun stelle ich Fragen wie „Hast du in den letzten vier Wochen geweint" und jeder kann sich positionieren. Bei Bedarf kann ich nachfragen, warum derjenige genau da steht. Ein Vorteil ist, dass die Kids in Bewegung sind.

⇒ Gefühle/Befinden durch Gegenstände ausdrücken: Hier gibt es viele Möglichkeiten: Entweder drei verschieden schauende Smileys, eine Wetterkarte mit Sonne / Regen / Wolken, verschiedene Postkarten, ... So kann jeder mitmachen und sich positionieren. Ich als Anleiter habe die Chance nachzufragen, der Jugendliche muss aber nicht antworten.

⇒ Schlagspiele: Der Klassiker ist „Zeitungsschlagen". Hier sitzt die Gruppe im Kreis. Ein Spieler kommt in die Mitte und bekommt eine zusammengerollte Zeitung. Nun sagt ein anderer Spieler einen Namen. Dem Mitspieler mit dem Namen muss nun aufs Knie gehauen werden, was er nur verhindern kann, wenn er schnell den Namen eines anderen aus dem Kreis sagt. Dann gibt es noch den „Stockdialog", bei dem sich zwei Leute gegenüberstehen, anschauen und jeder einen Stock hat, mit dem er auf eine Matte haut. Abwechselnd kann man nun auf die Matte hauen und sich dabei in die Augen schauen. Nach einer Minute kann man dann die Sprecherlaubnis erteilen und jeder kann seine Gefühle dem anderen gegenüber benennen. Das funktioniert eher mit Jungs ab 14 Jahren aufwärts und kann zum Beispiel bei Konfliktgesprächen angewandt werden.

⇒ In die Natur gehen: „Jungs im Wald verhalten sich relaxter als Jungs in Räumen", so lautet meine These. Wie wäre es, aus Naturgegenständen zum Beispiel einen Mann zu bauen? Sicherlich wird der ein großes Geschlechtsteil bekommen, aber auch darüber kann man super ins Gespräch kommen. Öffnen Sie den Jungs die Augen für die Schönheit der Natur. Teilen Sie Ihre Begeisterung mit und lassen

Sie sie zum Beispiel mal so viele Farben sammeln, wie sie finden können.

⇒ Boxen, Kissenschlacht oder Prügeln mit Schaumstoffschlägern. Es gibt Möglichkeiten für kontrolliertes Kämpfen. Dabei ist es wichtig, klare Regeln (z.B. nicht in die Weichteile oder die Stopp-Regel) einzuführen. Auch sollten immer nur zwei „kämpfen" und der Rest der Gruppe im Kreis stehen. Außerdem ist es wichtig, dass es vorher und nachher ein partnerschaftliches Ritual gibt. Der andere ist nicht Gegner, sondern Partner.

⇒ Erlebnispädagogik: Hierzu gibt es viele schlaue Bücher. Wichtig ist es, solche Aktionen danach immer mit der Gruppe auszuwerten.

⇒ Besuche bei Männern in ihren Berufen: Das Beste am Besuch mit meiner Jungsgruppe im Fitnessstudio war Hagen, der Besitzer des Ladens. Solche Oberarme und ein Mann, der klare Ansagen macht! Oder wie wäre es, mit dem Bankdirektor mal den Tresorraum anzuschauen? Oder mit dem Bäcker mal ein Brot zu backen? Oder auch mal mit dem Kindergärtner mit den Kids zu spielen? Schauen Sie, welche Väter man besuchen könnte. Überlegen Sie sich vorher Fragen und werten Sie den Besuch danach aus.

⇒ Kochen und Backen ist in meinen Jungsgruppen oft fester Bestandteil. Jungs lieben Essen und sie bekommen dabei interessante Erkenntnisse: „Waaas, so viel Butter ist in einem Kuchen?" oder „Ach, so sieht eine Ananas aus, ich kannte nur die Dosen". Beim Backen unserer Weihnachtskekse wird dann außer Herzen auch gern mal ein Minipenis aufs Blech gelegt. Allerdings wollen sie den nie ihrer Mama mitbringen! ☺ Trauen Sie den Jungs etwas zu, auch wenn es dann teils „anders" schmeckt. ☺

⇒ Experimente: Lassen Sie sich von der Homepage von „WIssen macht Ah" inspirieren. Lassen Sie verpackte Eier fallen, testen Sie verschiedene Nutella-Sorten, lassen Sie Backpulver und Essig einen Luftballon aufblasen, ...

⇒ Massagen und Schönheitsmasken: Ja, Sie lesen richtig. Ich bin immer wieder überrascht, wie sehr Jungs auf so etwas stehen. Massagen sind eine gute Form, männliche Berührungen positiv zu erleben. Neben den Schönheitsmasken „übe" ich mit den Jungs auch immer eine „Nassrasur".

⇒ Tiere: Wir gehen mit unsere Jungsgruppe zum Besuch ins Fitnessstudio. Die Jungs sind laut, frech und markieren den harten Typen. Auf einmal sehen sie den Hund des Besitzers, wollen ihn unbedingt streicheln und werden ganz ruhig und aufmerksam. Tiere lassen die weiche Seite in Jungs anklingen. Ein Besuch im Zoo, auf dem Bauernhof oder im Tierheim kann ganz neue Seiten zeigen.

- ⇒ Medien nutzen: **Nutzen Sie Dokus oder Filmclips. Finden Sie passende Lieder / Musikvideos als Einstieg. Schauen Sie einen Film zum Thema Mobbing (z.B. „Blöde Mütze") und reden Sie darüber. Medien sind die Sprache der Jugendlichen, nutzen Sie sie.**
- ⇒ Lassen Sie sich Fragen stellen: **Setzen Sie sich auf den heißen Stuhl. Geben Sie den Jungs vorher Zeit, sich Fragen auszudenken. Seien Sie ehrlich. Das lieben Jungs.**
- ⇒ Basteln mal anders: **Bauen Sie Raketen, zerlegen Sie alte Rechner und bauen Sie daraus Raumstationen, stellen Sie Schwerter her, falten Sie Papierschiffe und versenken Sie sie danach gemeinsam, lassen Sie Kampfroboter oder Szenen aus „Herr der Ringe" malen, ... Wenn Sie Jungs vor Augen malen, was mit dem fertigen Produkt möglich ist, werden Sie sie auch für die schwierigen Arbeiten motivieren.**

Sicherlich gibt es noch viele andere Möglichkeiten, zum Beispiel in den Bereichen Sport und Musik, doch diese Auflistung gibt Ihnen eine erste Auswahl erprobter Aktionen an die Hand.

Auch für die christliche Arbeit mit Jungs sind hier schon viele Methoden dabei. Verknüpfen Sie die Aktion mit Geschichten und Botschaften. Visualisieren Sie, wann immer es geht, oder erzählen Sie so begeisternd, dass die Jungs Ihnen folgen können.

FAZIT: Jungen zu erziehen ist ein Kraftakt. Und zugleich ist es eine der schönsten Aufgaben der Welt. Stellen Sie sich vor, wie diese Jungs irgendwann ihr Leben meistern werden. Stellen Sie sich vor, was sie in dieser Welt und für andere bewegen können! Stellen Sie sich vor, wie sie ihren Weg finden und mit sich zufrieden werden. Stellen Sie sich vor, wie sie zu Schwäche stehen können und versagen, ohne total abzustürzen, weil sie wissen, wer sie sind. Wenn meine Erziehung von Jungs dazu beiträgt, dass nur eine dieser Visionen wahr wird, dann lohnt es sich.

☞ Haben Sie für Ihre Jungs so eine Vision?

QUELLEN UND BÜCHER, DIE MICH INSPIRIERT HABEN

Arterbun, Stephen/Stoecker, Fred: *Jeder Mann und die Versuchungen.* 2. Aufl., Holzgerlingen 2005.

Bethge, Holger und Regine: *Wie baue ich eine Beziehung auf?* Eigenverlag 2000.

Beuster, Frank: *Die Jungenkatastrophe. Das überforderte Geschlecht.* Reinbek 2006.

Bly, Robert: *Eisenhans. Ein Buch über Männer.* Hamburg 2005.

Chapman, Gary: *Die fünf Sprachen der Liebe.* Marburg 2000.

Eldredge, John: *Der ungezähmte Mann. Auf dem Weg zu einer neuen Männlichkeit.* Gießen 2003.

Eldredge, John: *Der Weg des ungezähmten Mannes. Stationen der männlichen Reise.* Gießen 2007.

Faix, Tobias/Mayer, Ute: *Nur für Jungs. Alles, was du wissen willst ...* Holzgerlingen 2008.

Frey, Albert: *Für den König. Auf dem Weg zum ganzen Mann.* Witten 2011.

Fynn: *Anna schreibt an Mister Gott. Neues von Anna über Gott und den Lauf der Welt.* München 1987.

Heid, Klaus: *Friends – Was wirklich wichtig ist.* Marburg 2002.

Heinrich, Frank: *Lieben, was das Zeug hält. Wie Gott unser Herz verändert.* Schwarzenfeld 2009.

Höppner, Jürgen/Hübner, Michael/Nieland, Klaus: *Alles Sex oder was?* Asslar 1996.

Hüther, Gerald: *Männer – Das schwache Geschlecht und sein Gehirn.* Göttingen 2009.

Jacobsson, Anders/Olsson, Sören: *Berts Tagebücher.* Hamburg 1990ff.

Krakauer, Jon: *In die Wildnis.* Allein nach Alaska. 4. Aufl. München 2008.

Malessa, Andreas/Giesekus Ulrich: *Männer sind einfach ... aber sie haben's nicht leicht.* 2. Aufl. Gießen 2008.

Neutzling, Rainer/Schnack, Dieter: *Die Prinzenrolle. Über die männliche Sexualität.* Reinbek 1995.

Ortberg, John: *Das Abenteuer, nach dem du dich sehnst.* 4. Aufl. Asslar 2002.

Pahl, Christoph: *„Voll Porno!"* – Warum echte Kerle „Nein" sagen. Marburg 2010.

Pfeifer, Samuel: *Internetsucht.* Verstehen – Beraten – Bewältigen. Riehen 2004.

Plass, Adrian: *Tagebuch eines frommen Chaoten.* Moers 1990.

Pollack, William F.: *Jungen.* Was sie vermissen, was sie brauchen. 2. Aufl. Frankfurt a. M. 2009.

Reng, Ronald: *Robert Enke.* Ein allzu kurzes Leben. München 2010.

Rohr, Richard/Fthenakis, Wasilios E. u.a.: *Vater, Sohn und Männlichkeit.* Wie der Mann zum Mann wird. Kevelaer 2008.

Rohr, Richard: *Vom wilden Mann zum weisen Mann.* München 2006.

Schirrmacher, Thomas: *Internetpornografie.* Holzgerlingen 2008.

Schnack, Dieter/Neutzling, Rainer: *Kleine Helden in Not. Jungen auf der Suche nach Männlichkeit.* Reinbek 2000.

Seitz, Josef: *Die Übervater.* In: Focus 31/11.

Vujicic, Nick: *Mein Leben ohne Limits.* Gießen 2011.

Weiss, Angela/Hüttmann, Karsten: *DU angedacht von A bis Z.* Kassel 2011.

Zilbergeld, Bernie: *Die neue Sexualität der Männer.* Tübingen 2000.

LINKS UND BÜCHER FÜR ECHTE KERLE

Natürlich nur eine kleine, feine und subjektive Auswahl aus dem großen Angebot. (Ich stimme einigen Büchern und Links inhaltlich nicht zu, aber sie sind trotzdem gut).

BÜCHER

Zu Kapitel 1 und 9: Männlichkeit
Eldredge, John: *Der ungezähmte Mann. Auf dem Weg zu einer neuen Männlichkeit.* Gießen 2003 und *Der Weg des ungezähmten Mannes. Stationen der männlichen Reise.* Gießen 2007.

Faix, Tobias/Mayer, Ute: *Nur für Jungs. Alles, was du wissen willst ...* Holzgerlingen 2008.

Frey, Albert: *Für den König. Auf dem Weg zum ganzen Mann.* Witten 2011.

Zu Kapitel 5: Gott
Vujicic, Nick: *Mein Leben ohne Limits.* Gießen 2011.

Die Bibel.

Biografische Romane von Damaris Kopfmehl (z.B. *Der Neonazi*).

Zu Kapitel 6 und 7: Sexualität
☺ Pahl, Christoph: *„Voll Porno!"* – Warum echte Kerle „Nein" sagen. Marburg 2010.

Höppner, Jürgen/Hübner, Michael/Nieland, Klaus: *Alles Sex oder was?* Asslar 1996.

Bell, Rob: *Sex. Gott.* Worum es eigentlich geht. Gießen 2008.

Zum Exkurs für alle, die Jungs erziehen

Beuster, Frank: *Die Jungenkatastrophe.* Das überforderte Geschlecht. Reinbek 2006.

Hüther, Gerald: *Männer* – Das schwache Geschlecht und sein Gehirn. Göttingen 2009.

Pollack, William F.: *Jungen.* Was sie vermissen, was sie brauchen. 2. Aufl. Frankfurt a. M. 2009.

Schnack, Dieter/Neutzling, Rainer: *Kleine Helden in Not.* Jungen auf der Suche nach Männlichkeit. Reinbek 2000.

Gilsdorf, Rüdiger/Kistner, Günter: *Kooperative Abenteuerspiele I und II.* Praxishilfe für Schule, Jugendarbeit und Erwachsenenbildung. Seelze 1995ff.

Links

Im Internet findet man auch jede Menge sinnige Seiten:

Für Jungs

www.lattenzaun.de zum Thema Pornografie
www.k9webprotection.com – Schutzsoftware fürs Internet
www.kenndeinlimit.de – zum Thema Alkohol

www.k-i-w-i.net – zum Thema Berufsfindung

www.wildwasser.de – Hilfe bei sexuellem Missbrauch

www.chris-sorgentelefon.de – Hilfsforum und Sorgentelefon

www.crossover.info – Homepage der Jugendarbeit, für die ich arbeite. Super Jugendfreizeiten

www.jesus.de – Anregungen und Links zum christlichen Glauben

www.maenner-online.de – Portal der evangelischen Männerarbeit

Für alle, die Jungs erziehen

www.loveismore.de – zum Thema Pornografie

www.blaues-kreuz.de – zum Thema Alkoholsucht

www.neue-wege-fuer-jungs.de – Fachportal für Jungenarbeit

www.starke-eltern.de – Portal für Eltern z.B. zum Thema Sucht

www.praxis-jugendarbeit.de – Ideen für Spiele und Andachten. Große Datenbank

www.wdr.de/tv/wissenmachtah – Ideen für Experimente

http://www.boystomen.de – Patenprogramm für Jungs

DANKE

⇒ an alle Männer, die mir ein Vorbild waren und sind. Wo wäre ich ohne euch!
⇒ an alle meine Fragebogen-Ausfüller.
⇒ an alle Probeleser: Stefan, Christiane, Tobias, Matze, Dennis, David, Annika, Christian.
⇒ an meine mich sehr liebenden Eltern Brigitte und Günter.
⇒ an alle, die mir so viel Positives zu meinem ersten Buch geschrieben haben und mich dadurch zum zweiten Buch ermutigt haben.
⇒ an die morgendliche Männergebetstruppe mit Franz, Johannes, David und so, die treu für das Projekt gebetet haben.
⇒ an das Team vom Francke Verlag für das Vertrauen und die Unterstützung.
⇒ an meine geliebte Frau Johanna fürs Mich-machen-Lassen und Hinter-mir-Stehen.
⇒ an Gott für seine Treue, Kraft und Liebe zu mir.

Ein weiteres Buch von Christoph Pahl

"Voll Porno"
Warum echte Kerle
„Nein" sagen
ISBN 978-3-86827-166-9
208 Seiten, kartoniert

Voll Porno?! Ist Pornokonsum heutzutage alltäglich und normal geworden? Was für Auswirkungen hat er auf mein eigenes Leben, auf meine Beziehungen und auf meinen Umgang mit Sexualität? Christoph Pahl (Jg.1981) setzt sich gekonnt mit der Thematik auseinander, präsentiert die Ergebnisse wissenschaftlicher Studien und spricht ehrlich über eigene Erfahrungen und seinen Ausstieg aus der Pornofalle. Gemeinsam mit dem Leser überlegt er, was einen echten Kerl eigentlich ausmacht und ermutigt dazu, sich mit den eigenen Bedürfnissen und Sehnsüchten auseinanderzusetzen: Was steckt hinter meinen Sehnsüchten? Wie komme ich aus der Pornofalle heraus? Und welche Rolle spielt Gott dabei?
Das Buch richtet sich besonders an Männer. Aber auch Partnerinnen und Eltern von Betroffenen finden hier Gedanken, die es ihnen ermöglichen, den Pornokonsum zu verstehen, und praktische Tipps, wie sie den Betroffenen helfen können.

Mit einem Vorwort von Bernd Siggelkow (ARCHE, Berlin)

Auch als Hörbuch erhältlich: ISBN 978-3-86827-247-5

Stimmen zu „Voll Porno"

Chris Pahl nimmt sein Herz in die Hand und kein Blatt vor den Mund (...) Sein Buch ist unbedingt lesenswert, für Jugendliche selbst, aber vor allem auch für Jugendleiter ...
Roland Werner, Generalsekretär des deutschen CVJM

Alle Achtung! Ein gutes Buch. Klare Sprache, deutlich, ehrlich. Intim und doch nicht voyeuristisch. Ein Buch, das wirklich Mut macht. (...) Es ist nicht nur für diejenigen zu empfehlen, die ein Problem mit Pornos haben, sondern für alle, die ihre männliche Sexualität positiv begreifen wollen. Ein echter Volltreffer.
Frank Heinrich, Bundestagsabgeordneter, Chemnitz

Ich bin jetzt 19 Jahre alt und stecke seit mindestens 6 Jahren in Pornografie. Ich wollte eigentlich nur Danke sagen für dein Buch. Es hat mir so geholfen, mein Problem zu verstehen, mich anzunehmen und den Versuch zu starten, endlich den Weg in die Freiheit zu gehen.
Anonymer Leser

„Voll Porno" ist „voll geil"! Frisch, direkt, persönlich und wirklich ganz praktisch!
Zeitschrift „dran"